지금 나에게
필요한
돈 공부

소중한 월급 아끼고 모으고 불리는

지금 나에게 필요한

돈 공부

남지현 · 이주빈 · 조해영 지음

시원북스

통장을 쪼개면
무가 달라지는데?

재테크는
여유 있는 사람들이나
하는 거지….

예금으로 언제 돈 모아?
코인 드가자!

이 책은 한겨레에서 연재된 〈쩐화위복〉을 바탕으로 새롭게 내용을 추가하고 정리하여 만들어졌습니다. '쩐화위복'이라는 연재 기사의 제목은 사자성어 '전화위복'에서 따왔습니다. 불운한 일이 오히려 좋은 결과로 이어지듯, 내 '돈(쩐)'의 의 위기를 기회로 바꿔줄 재테크 길라잡이가 되어드리고 싶은 마음을 담았습니다.

이 책은 믿을 수 있고 친절하고 재밌는 재테크 콘텐츠를 지향합니다. 소득 수준에 상관없이 돈을 아끼고, 모으고, 불리는 일이 수월하고 재밌어지도록 쓸모 있는 재테크 정보를 나누기 위해 세 명의 금융팀 기자가 힘을 모아 썼습니다.

단지 돈을 모으고 불리는 법만이 아니라 돈을 통해 삶의 우선순위를 정리하고, 나답게 살아갈 수 있는 방법을 함께 찾고자 합니다.

프롤로그

돈의 위기를 기회로 바꾸는 '쩐화위복'

'사는 데 꼭 필요한 금융 지식을 제대로 가르쳐주는 사람은 왜 없을까?' 이 책은 이러한 고민에서 출발했습니다. 혹시 여러분도 열심히 일하지만 통장은 늘 '텅장'이고, 카드값에 쫓겨 매달 월급날만 바라보고 있지는 않나요? 저희 또한 그랬습니다. 기본적인 금융 지식과 돈 관리법을 몰라서였죠. 사실 생각해보면 당연한 일일지도 모릅니다. 학교에서도 돈을 벌면 어떻게 해야 하는지 배운 적은 없으니까요.

게다가 우리의 하루하루는 너무나 바삐 흘러가버립니다. 퇴근 후 기진맥진한 몸을 일으켜 나를 위해 무언가 배운

다는 건 얼마나 힘든 일인가요. 당장 쥐꼬리만 한 월급으로 무얼 해보려는 의지가 생기지 않기도 하고요. 로또 당첨이나 코인 '떡상'만이 답인 것 같기도 합니다.

하지만 우리는 압니다. 로또 당첨은 요원하고, 아무리 "가즈아"를 외쳐봐도 코인으로 돈벼락 맞기란 위험한 도박에 가깝다는 걸요. 돈이 많지 않다 한들, 돈을 모르고는 살 수 없는 세상입니다. 오히려 부자보다 평범한 사람에게 돈 공부가 더 필요하죠. 많지 않은 돈을 잘 관리하고 굴려야 하니까요.

이 책은 대단한 비법서가 아닙니다. 매일매일 열심히 일하느라 나를 위한 돈 공부는 소홀했던 평범한 사람들을 위한 개론서에 가깝습니다. 목표도 거창하지 않습니다. 스스로 돈과 관련한 판단을 할 수 있도록 기초 금융 지식을 갖출 수 있게 도와드리는 겁니다. 힘들게 번 돈을 '잘 몰라서' 잃는 일이 없도록요. 물론, 이렇게 공부한 걸 활용해 차곡차곡 돈을 모아 나갈 수 있다면 금상첨화겠죠.

재테크에는 정답이 없습니다. 그럼에도 재테크를 가르쳐준다는 사람들은 왜 그리 혼내기를 좋아하는지, 듣고 있으면 어린아이가 된 것 같은 기분이 듭니다. 이 책은 스스로 '재테크 초보'라 말하는 30대 경제부 기자 셋이 썼습니다.

국가의 살림살이와 기업의 건전성을 논하면서도, 정작 내 경제 상황은 돌아보지 못했던 저희 셋이 이런저런 시행착오 끝에 배운 것들을 공유하기 위함입니다. 광고나 협찬 없이 독자를 대신해 진짜 궁금한 걸 묻고 직접 시도해보면서요. 여러분의 재테크 여정에 이 책이 조금이나마 보탬이 되기를 바랍니다.

이 책을 함께 쓴 세 명의 저자를 소개합니다.

지현   경제관념 없이 '당장 즐거우면 됐다' 식으로 20대를 보낸 구 '욜로족'. 금융 업계를 취재하며 난생처음 경제관념을 장착하고, 30대가 되어서야 비로소 재테크에 눈을 뜨게 됐다. 자잘자잘한 소비보다는 부동산, 자동차 같은 큼직한 자산에 관심이 많다. 충동성 소비에 약해 지출 통제는 영원한 숙제다. 그렇지만 저축도 투자도 결국 행복한 인생을 위한 수단이니 재미있게 하는 게 무엇보다 중요하다고 생각한다. '재테크 하면서 너무 심각해지지 말자~' 운동 창시자.

주빈 "이 옷은 로고 색이 다르니까, 이 화장품은 채도가 높으니까 또 사야지." 금리 1.0% 차이는 관심도 없고 소비에서만 디테일을 챙겨 이것저것 사모아온 '소비 중독자'. 배송 조회는 나의 일상, 장바구니는 나의 세계. 돈에 연연하지 않는 척했지만 돈을 모으는 법도 모르고, 모을 의지도 없었다는 게 팩트다. 아직 낭비하는 습관을 완전히 버리지 못했지만, 이제라도 저축과 투자의 중요성을 깨달은 게 어딘가. 내가 할 수 있다면, 모두 할 수 있다.

해영 어쩌다 보니 기자 경력의 상당수를 경제부에서 보냈다. 하지만 실생활에서는… 돌다리를 두들기다 못해 밀어보고 뒤집어보고 며칠은 관찰한 후에야 건너는 '안전제일' 인간이자, 위험한 것을 싫어하는데 복잡한 건 더 싫어서 30년을 체크카드와 예금통장으로만 살았던 기적의 저축 인간. 책과 술 외에는 돈 쓰고 싶은 곳이 없는 재테크 '달란트'를 타고났으나 과도한 신중함이 투자 도전을 가로막는다는 게 문제다.

   그럼 지금부터 돈 공부를 시작해 보아요.

차례

프롤로그 돈의 위기를 기회로 바꾸는 '쩐화위복' 006

 월급은 어떻게 관리하나요?

소중한 내 월급 어떻게 써야 할까 016
남들은 어디에 얼마나 쓸까 034
나 자신과의 협상, 예산 짜기 046
선 저축 후 지출을 위한 통장 쪼개기 054
전문가에게 무료로 재무상담 받기 062

 **돈은 어떻게 아끼나요?**

소비와 지출이 한눈에 보이는 가계부 쓰기 074

신용카드는 나에게 득이 될까 독이 될까 084

신용카드의 함정, 할부·연체·리볼빙 094

설계사 없이 불필요한 보험료 줄이는 법 106

자잘한 고정비 줄이는 법: 통신비 116

자잘한 고정비 줄이는 법: 교통비 124

자잘한 고정비 줄이는 법: 구독료 128

'13월의 월급' 연말정산 제대로 알고 하자 134

3장 돈은 어떻게 모으나요?

예·적금의 기초, 연이율과 금리를 알아보자 154
단리와 복리는 어떻게 계산할까 166
풍차 돌리기로 예·적금 불리기 174
제1금융권, 제2금융권은 뭐가 다를까 186
ISA 통장은 선택이 아닌 필수 196

4장 돈은 어떻게 불리나요?

주식의 '주'도 모른다면 개념부터 잡고 가자 210
주식 투자가 처음인 당신을 위한 실전 기초 226
CMA 통장 효과적으로 사용하기 246
투자가 처음이라면 개별 종목보다는 ETF 252
환율 변동을 활용해 '환테크' 하는 법 264

5장 돈은 어떻게 잘 빌리나요?

담보대출과 신용대출 제대로 이해하기 278

마이너스 통장은 대출과 뭐가 다를까 292

잘 빌린 만큼 잘 갚는 법 302

복잡한 정책 대출 한눈에 알아보기 314

6장 미래는 어떻게 대비하나요?

퇴직연금의 유형과 특징 알아보기 324

국민 절반이 가입한 '필수템' 청약통장 338

내 집 마련의 첫걸음, 청약제도 실전 350

에필로그 쩐화위복 실천기: 희망편과 절망편 370

1장에서는 월급을 어떻게 관리하면 좋을지 알려드립니다. 이제 막 취업했어도, 일한 지 꽤 되었지만 돈 관리법을 잘 몰라도 괜찮습니다. 내 소득과 소비 패턴을 분석해 월급으로 예산 짜는 법, 통장 쪼개기, 재무 상담 후기 등을 들려드릴게요.

1장

월급은 어떻게 관리하나요?

소중한 내 월급
어떻게 써야 할까

이 책을 펼친 분 중에는 아직 학생인 분도 있고, 취업 준비생인 분도 있겠지만, 직장인이라고 가정하고 질문을 하나 드려보겠습니다.

"여러분은 월급에서 얼마나 저축하시나요?"

저축은 무슨, 이 작고 귀여운 월급으론 카드값 갚기도 벅차다고요? 그래도 지금보단 저축을 더 해야 할 것 같은 왠지 모를 죄책감에 이 책을 읽고 있다면, 환영합니다. 여러분은 혼자가 아닙니다. 이 글을 쓰고 있는 제가 여러분과 같은 상황이거든요.

재테크를 시작할 결심

1년 전, 저는 충격적인 얘기를 듣게 되었어요. 같이 밥을 먹던 선배가 그러는 겁니다. 월급의 50%를 저축하고 있다고요. 50%라니?! 90년대생으로 저와 동년배인 선배는 "본가에 살아서 가능하다"는 말을 덧붙였지만, 그래도 월급의 50%를 저축하는 게 어디 쉬운 일인가요.

그날 집에 돌아와 그동안 흐린 눈으로 회피해왔던 제 통장 상태를 들여다봤습니다. 다음은 그렇게 '발견한' 대략적인 제 재무 상태입니다.

지현의 월 소득과 지출 내역

수입	월 평균 소득	300만 원 초반
지출	월 평균 카드값	280만 원
	대출 이자	37만 원
	보험료	11만 원
	청약	10만 원
	적금	10만 원

번 돈과 쓴 돈을 따져보니 소득은 300만 원 초반인데, 카드값 등의 지출이 300만 원을 훌쩍 넘는 '마이너스 생활'을 하고 있더군요. 어디선가 저희 어머니가 나타나서 등짝을 후려치실 것만 같았습니다. "월급의 50%는 저축하라고 그렇게 얘기하지 않았느냐"면서 말이죠.

도대체 어디다 이렇게 카드를 썼을까 의아했습니다. '카드를 도둑맞았는데 모르고 있었나?' 싶어 실물 카드도 확인해보고요. 세 달 치 카드 내역서를 뽑아 하나씩 따져보기도 했습니다. 놀랍게도 다 제가 쓴 게 맞더군요. 대부분은 즐겁게 먹고 마시는 데 쓴 돈이었습니다. 이렇게 오늘만 사는 것처럼 살 수 있었던 건 사실 그동안 모아 놓은 돈이 있었던 덕분입니다. 필요할 때마다 이 돈을 야금야금 까먹으면서 버텼죠.

하지만 이래서는 안 되겠다는 생각이 들었어요. 언제까지나 월급쟁이로 살 수 없는데, 이렇게 모아둔 돈을 까먹기만 하다가는 빈털터리로 은퇴할 수도 있으니까요. 금융팀 기자로 일하며 배운 금융 지식과 정보를 총동원해 월급 관리를 해보기로 결심했습니다.

그렇게 1년이 지난 지금은 제법 사람이 된 것 같아요.

카드값은 100만 원 가까이 줄이는 데 성공했습니다. 아낀 돈은 저축하고 투자하는 데 쓰고 있어요. 그래도 여전히 월급의 절반을 저축하는 데는 미치지 못하고 있지만, 괜찮습니다. 중요한 건 돈을 아끼고 모으고 불리는 일에 재미를 붙이고 꾸준히 해나가는 거라고 생각해요.

이렇게 솔직하게 제 과거 재무 상태를 밝힌 건, 월급 관리를 시작하기에 늦은 때는 없다는 말씀을 드리고 싶어서예요. 제가 조금이나마 재테크에 눈을 뜬 건 사회 생활을 시작한 지 5년이 지나서였어요. 지금까지 어떻게 살아왔든, 이제부터라도 차근차근 금융 공부를 하면서 작고 귀여운 월급을 불려 나가면 됩니다. 그러니 용기를 가지셨으면 좋겠습니다. 자, 그런데 어디서부터 시작하면 좋을까요? 우선 나의 현재 상황부터 제대로 알아보는 게 좋겠네요.

나의 소득 확인하기

돈 관리의 시작은 누가 뭐래도 수입을 정확히 파악하는 데서 시작해요. 내가 쓸 수 있는 돈의 총량이 얼마인지 정확히 알고 있어야 '지름신'이 강림한 순간, 이걸 사도 될지 말지 정확한 판단을 내릴 수 있겠죠. 자제력은 정확한 현실 인식에서 시작합니다.

　자제력뿐만이 아닙니다. 나의 월 수입은 얼마인지, 연간 수입은 얼마인지, 최근 몇 년간 나의 수입은 얼마나 증가해 왔는지를 알면 현실적인 저축 계획을 세우는 데 도움이 됩니다. 이게 말처럼 유쾌한 과정은 아닐 수 있어요. 하지만 일단 현실을 알아야 과도한 기대나 좌절을 피할 수 있어요. 나중에 본격적으로 예산을 세워 돈을 쓰고 저축을 할 때 실패 가능성을 줄일 수 있는 것이죠.

　월급이 얼마인지 막연하게만 알고 계신 분들도 많을 텐데요. 가능한 정확히 수입을 파악해봅시다. 월급 외에 매달 고정적으로 들어오는 수입이 있다면 모두 포함해서요. 매달 통장에 똑같은 금액이 찍히는 월급쟁이라면 어려운 일이 아닐 겁니다.

　매달 수입이 들쭉날쭉한 경우라면 어떻게 해야 할까요? 가장 좋은 건 매달 수입을 손수 확인하고 정확하게 인지하는 겁니다. 수입이 적게 들어오는 달과 많이 들어오는 달의 차이가 어느 정도인지 알아두는 것도 유용합니다. 차이가 심하다면 수입이 많은 달엔 미리 비상금을 저축해둬야 수입이 적은 달을 날 수 있을 테니까요.

수입을 정확히 확인하는 방법을 몇 가지 소개해드릴게요. 월 수입이야 급여 통장 등의 한 달 치 입금 내역을 확인하면 되니 간단합니다. 문제는 연간 수입인데요. 직장인은 회사 자체 시스템을 통해서 급여 지급 내역을 확인하는 게 가장 쉽고 정확한 길일 겁니다.

최근 5년 정도 나의 연 소득을 구해보고, 매년 연 소득이 얼마나 늘거나 혹은 줄었는지 따져보는 거죠. 만약 4%씩 꾸준히 증가해왔다면 앞으로도 그 정도 증가할 걸로 기대해봐도 되겠죠? 이를 바탕으로 장기적인 저축 계획(노후 대비 등)을 세워야 할 때 참고하면 될 거예요. 만약 증가율이 지지부진하면 '열심히 돈 모으고 공부해서 나의 수익률을 좀 높여봐야겠다' 생각을 해볼 수 있고요.

나의 지출 확인하기

회피하고 싶겠지만 이제 내 월급이 도대체 다 어디로 사라져버리는 건지 직면해야 해요. 귀찮고, 괴롭더라도 제대로 된 돈 관리를 시작하기 위해 반드시 거쳐야 하는 과정이죠. 우선 당장 지난달에 쓴 돈을 한번 살펴봅시다.

내가 쓴 돈(지출)은 성격에 따라 세 가지로 구분해서 정리해보면 도움이 될 거예요. 고정 지출과 변동 지출, 그리고 비정기 지출이에요. 고정 지출은 말 그대로 매달 꼬박꼬박 고정적으로 월급에서 빠져나가는 돈을 말해요. 대출 원리금이라든가, 보험료가 대표적이죠. 보통 줄이기 힘든 비용인 경우가 많아요. 월급에서 차지하는 비중도 큰 편입니다.

그런데도 고정 지출이 얼마나 되는지 잘 모르는 경우가 많아요. 은행 계좌에서 자동 이체로 빠져나가는 경우가 많기 때문입니다. 월 소득에서 고정 지출을 뺀 돈이 실제 내가 쓸 수 있는 돈이기 때문에 고정 지출을 정확히 파악하는 게 중요해요.

다음 표에 있는 고정 지출 예시 항목들을 채워가며 고정 지출 규모를 파악해보도록 해요. 만약 이 항목 외에도 개인적으로 추가할 게 있다면 추가해서요.

고정 지출 예시

대출 상환 원리금	주택 관련 대출	
	신용 대출	
	기타	
	합계	
주거비	월세	
	관리비 + 공과금 (수도, 전기 가스 등)	
	통신비 (인터넷, TV 등)	
	기타	
	합계	
그 외 고정비	휴대폰 통신비	
	보험료	
	구독료	
	기타	
	합계	
고정 지출 합계		

고정 지출을 알아보는 방법은 간단해요. 우선 지난달 은행 거래 내역을 살펴봅니다. 계좌에서 자동으로 빠져나가는 대출 이자나 보험료는 이렇게 확인할 수 있어요. 고정 지출엔 통신비나 구독료도 있어요. 넷플릭스나 티빙 같은 OTT 구독료, 매달 병원에 간다면 진료비와 약값 등등 고정적으로 나가는 지출은 빠뜨리지 말고 챙겨야 합니다. 이런 고정 지출은 신용카드로 납부하는 경우가 많을 테니 지난 달 카드 결제 이용 내역을 확인해보면 되겠습니다.

저는 정수기를 렌탈로 이용하고 있어서 고정 지출에 이 비용도 포함했어요. 한 달 치 은행 거래 내역과 카드 이용 내역을 살피며, 고정 지출을 정리하는 데는 길어도 15분 정도면 충분합니다.

다음으로 살펴봐야 할 것은 변동 지출입니다. 변동 지출은 매달 금액이 달라지는 지출이에요. 먹고 마시고 이동하는 것처럼 생활을 하다 보면 자연스레 쓰게 되는 돈이죠. 마음먹기에 따라 줄일 여지도 큽니다. 다만 정리하는 일이 쉽지만은 않다는 게 문제입니다. 변동 지출은 여유가 있을 때 1시간 정도 시간을 내어 정리할 필요가 있어요.

방법을 알려드릴게요. 변동 지출은 대부분 신용카드, 체크카드를 이용하기에 카드 이용 대금 명세서를 보고 정리하면 되는데요. 대표성을 갖는 한 달 치 지출 내역을 보면 됩니다. 카드 앱이나 토스 같은 금융사 앱으로 최근 1년간 월별 카드 사용 금액을 보면서 사용 금액이 중간 정도 되는 달을 고르면 됩니다.

열두 달을 모두 살펴보기에는 번거롭다면 3월, 6월, 11월을 추천합니다. 송년회가 몰리는 12월, 휴가철인 7~8월, 가족 모임이나 결혼식이 많은 4~5월과 명절이 있는 2월, 9월, 10월을 제외한 결과예요. 이때 월별 카드값 추이를 보려면, 카드사 앱이나 지출 내역을 자동으로 분류해주는 가계부 앱, 토스 등 금융사 앱을 활용하면 좋습니다. 단, 자동 분류는 틀리기도 하니 주의하세요.

자, 이제 고정 지출을 정리했을 때처럼 다음 페이지의 표를 보면서 항목에 맞는 금액을 확인해 채워봅시다. 신용카드로 쓴 돈을 계산할 때는 한 가지 주의할 점이 있습니다. 체크카드는 카드를 긁을 때마다 연결된 은행 계좌에서 바로 돈이 빠져나가서 문제가 없지만, 신용카드는 한 달 치가 쌓였다가 결제일에 한꺼번에 빠져나가잖아요. 그런데 이 '한 달'로 잡히는 기간이 카드값 내는 날에 따라 다르기 때문에 내가 기준으로 잡은 한 달(1일~말일) 동안 카드로 쓴 돈을 정확히 파악하려면, 지출 내역을 보면서 1일~말일에 쓴 내역만 가지고 계산해야 합니다.

가령 신한카드의 경우 카드 대금 결제일이 26일이면, 이날 빠져나가는 돈은 전 달 12일부터 이번 달 11일까지 쓴 금액입니다. 1일부터 말일까지 한 달 동안 쓴 금액이 청구되게 하려면 카드 결제일을 15일로 설정해야 해요. 이렇게 1일부터 말일까지 사용한 금액이 청구되는 결제일은 카드사마다 다릅니다. 카드 대금 결제일을 바꾸면 매달 카드 값을 한눈에 볼 수 있어 가계부 쓸 때 편리할 거예요.

월간 변동 지출

개인 생활	식비	식재료, 간식 등	
		배달	
		합계	
	외식비	외식	
		커피	
		술	
		합계	
	생활비(생필품, 수선 비용 등)		
	의료비(병원 진료비, 약 값 등)		

개인 생활	교통비	대중교통 요금	
		택시비	
		합계	
	차량 유지비	주유비	
		주차요금	
		기타	
		합계	
	여가비	취미 생활	
		여행, 데이트	
		합계	
	꾸밈 비용	교육비	
		미용실	
		기타	
		합계	
	기타		
	합계		
사회 생활	외식비		
	각종 회비		
	기타		
	합계		
월간 변동 지출 합계			

변동 지출을 정리할 때는 개인적으로 쓴 돈과 사회 생활을 하며 쓴 돈을 구분하면 좋습니다. 어떤 상황에서 돈을 많이 쓰는지 파악해야 그에 맞게 절약 전략도 짤 수 있기 때문이죠. 예를 들어 같은 외식비라도 혼자서 배달 음식을 시킨 돈은 내 의지에 따라 줄일 수 있는 금액일 거예요. 반면 연인이나 회사 동료, 친구들과 함께 한 외식 비용은 내 의지로만 줄이기 어려울 수 있죠. 그러니 이 둘을 구분해서 취합해 보는 겁니다. 내 의지로 줄일 수 있는 비용을 파악하기 위해서요.

꿀팁을 하나 더 알려드릴게요. 지출 내역을 보다 보면 'KCP' 혹은 '이니시스' 같은 이름이 보일 텐데요. 이 회사들은 'PG사'라고 불리는 전자결제 지급 대행사입니다. 쉽게 말해 온라인 쇼핑을 할 때 소비자와 판매자 사이에서 결제를 도와주는 회사들이죠. 구글에 'KCP 지출 내역' 등으로 검색하면 각 사 사이트에서 카드번호나 결제 승인번호를 입력하고 실제 사용처를 확인할 수 있습니다. 그 밖에 도무지 어디 쓴 건지 기억이 안 나는 건 핸드폰 달력 앱에 기록된 과거 일정을 참고해 기억을 떠올려보세요.

비정기 지출은 어떻게 체크할까

이렇게 지출을 정리하다 보면 애매한 비용들이 생기죠. 친구 생일에 카카오톡 선물하기로 보내준 디퓨저부터 회사 동료 결혼식에 보탠 축의금까지…. 매달 나가는 돈은 아니지만 그렇다고 무시하기에는 금액이 그리 적지 않은 비용들이 있습니다. 여름 휴가 때 쓴 돈이나 계절이 바뀌며 산 옷도 변동 지출로 묶기엔 애매하죠. 이런 비용들은 모두 비정기 지출로 묶어 정리해봅시다. 매달 나가는 돈이 아니어서 내가 써놓고도 잊어버리기 쉬운데, 그 돈이 얼마나 되는지 한 번 따져보는 거죠.

　비정기 지출을 살펴볼 때는 한 달 치가 아닌 1년 치를 봐야 합니다. 이렇게 1년치 지출을 파악한 후 12로 나눠 연간 비정기 지출의 월별 부담액을 구해볼 거예요. 그럼 내가 쓰는 돈이 과한지, 적당한지 감을 잡기가 더 쉬우니까요. 다음 페이지에 연간 비정기 지출 내역을 정리할 수 있는 표를 준비했습니다. 이 표를 활용해서 정리해보면 도움이 될 거예요.

연간 비정기 지출

의류비	
경조사비	
선물, 용돈	
자동차 보험료	
각종 세금 (자동차세, 재산세 등)	
여름 휴가비	
겨울 휴가비	
기타	
연간 비정기 지출 합계	

1년 치 내 소비를 훑어보는 작업이 만만치는 않은데요. 이 역시 방법을 알려드릴게요. 30분 정도 투자해보세요. 먼저 카드 할부 내역부터 살펴보는 거예요. 보통 지름신이 강림하거나 비정기적으로 큰돈 쓸 일이 있을 때 할부를 쓰니까요. 카드사 모바일 앱이나 사이트에서 할부 이용내역을 한눈에 조회할 수 있습니다. 다만 최근 6개월로 기간이 제한되는 경우가 있으니, 월별 이용내역에서 매달 할부 내역

을 살펴보면 됩니다.

휴가비 같은 경우 할부 내역과 해외 결제 내역을 살펴보면 숙박비나 항공권 같은 큼직한 금액은 파악할 수 있을 거예요. 휴가 기간 동안의 카드 이용 내역을 살펴보면 줄줄이 고구마처럼 쓴 돈이 나타나겠죠? 식비, 교통비 등 세부 항목을 나누지 말고 휴가비로 뭉뚱그려 파악합니다.

선물 비용은 꽤 간단히 알 수 있습니다. 선물 줄 때 카카오톡 기프티콘을 많이 활용하잖아요. 그래서 카카오톡 앱을 켠 뒤 더보기 → 선물하기 → 선물함 → 주문내역을 확인하면 대략적으로 파악이 가능합니다. 조회 기간은 기본 6개월로 설정되어 있으니 1년으로 조정해서 살펴보세요.

경조사 비용은 모바일 달력 앱에서 '결혼식' 등을 검색하거나 문자·카카오톡 대화 내역에서 '부고' 등을 검색한 뒤 해당 날짜에 현금자동인출기^{ATM} 출금이나 이체내역이 있는지 은행 거래내역에서 확인해보세요.

비정기 지출을 모두 파악했다면 총액을 12로 나눠 월별 부담액을 구해보세요. 한창 돈을 많이 쓰던 과거의 저는 1년 비정기 지출이 420만 원이었어요. 매달 35만 원을 옷 사거나 사람 노릇 하는 데 썼던 셈이죠.

수고하셨습니다! 본격적인 돈 관리를 시작하기 위한 준비를 모두 마쳤습니다. 이제 내 월급이 어디로 빠져나갔는지 한눈에 정리가 되실 거예요. 내가 어디에 돈을 많이 써왔는지 보일 겁니다. 특히 내 생각과 달리 돈을 많이 쓴 곳은 어딘지 체크해보세요.

내 월 수입에서 고정 지출과 변동 지출 그리고 비정기 지출을 12로 나눈 월별 부담액을 빼면 얼마가 남나요? 이 금액이 대략적으로 내가 쓸 수 있는 '가처분소득'일 거예요. 이 돈으로 우리는 저축도 하고 투자도 해야 하는 것이죠.

만약 남는 돈이 너무 적거나 없다면, 두 가지 해결책이 있어요. 월 수입을 늘리거나 지출을 줄이는 겁니다. 월 수입이 늘면 너무 좋겠지만, 이건 쉬이 뜻대로 되지 않습니다. 먼저 해야 할 건 내 의지에 따라 조절할 수 있는 씀씀이를 줄이는 일이에요.

그런데 대체 저축은 얼마나 하고 투자는 또 얼마나 해야 할지 감이 잘 안 잡히죠? 내가 남들보다 씀씀이가 큰 편인지도 잘 모르겠고요. 내게 맞는 저축 목표나 돈 관리 계획을 세우는 데 감을 잡기 위해 남들은 어떻게 돈 관리를 하고 있는지 한번 알아보도록 해요.

남들은 어디에 얼마나 쓸까

남들은 어디에 얼마나 쓰고, 또 저축은 얼마나 할까요? 이런 얘기는 주변에 물어보기도 민망하고 솔직한 얘기를 듣기도 어렵죠. 이럴 때는 통계를 찾아보는 게 유용합니다. 통계청에서는 분기마다 '가계동향조사'라는 통계를 내놓습니다. 전국의 7,200가구를 대상으로 면접 조사를 통해 수집한 자료를 평균 내어 보여주는 자료이니 공신력이 있습니다. 이 통계를 보면 우리의 궁금증에 대한 답을 찾을 수 있습니다. 현재 공개된 가장 최신 자료인 2024년 3분기 데이터를 기준으로 얘기해볼게요.

다른 사람들은 얼마나 쓰고, 얼마나 모을까

우선 평균 월급부터 볼까요? 20~39세 가구의 평균 월급은 479만 원이라고 합니다. 매달 나가는 지출은 평균 약 400만 원이네요. 물론 이 금액은 1인 기준은 아니에요. '가구' 기준이기 때문에 2인이 벌고 쓰는 금액이 이 정도라고 이해해야 합니다. 1인 기준으로 환산하면 20~30대 평균 월급은 248만 원, 월 평균 쓰는 돈은 207만 원 수준이겠네요. (물론, 엄밀하게 따지면 정확한 계산은 아니겠지만 일단 감을 잡고 넘어갑시다.)

월급에서 지출을 뺀 금액이 저축할 수 있는 금액이겠죠? 그렇게 구한 39세 이하 가구의 월 평균 저축 여력은 79만 원(1인 기준 41만 원)으로, 소득의 약 17% 수준입니다. 저축 여력이 그리 크지는 않은 걸 알 수 있습니다. 지출 내역을 보면 '범인'이 누군지 알 수 있죠.

우선 이자 비용 같은 '비소비지출'이 111만 원을 잡아먹습니다. 그 외 생활비(소비지출)가 289만 원이고요. 구체적으로는 외식비 58만 원, 관리비나 수도세 등 주거 관련 비용 38만 원, 식료품 구매 등 장 보는 비용 30만 원, 교통비

27만 원, 문화생활비 29만 원 등입니다. 어떤가요? 공감 가시나요?

또 다른 통계청 조사를 보면 20~30대가 평균적으로 돈을 얼마나 모았는지 알 수 있습니다. 지난해 말 발표된 가계금융복지조사를 보면 29세 이하 가구의 평균적인 금융자산 규모는 9,116만 원, 30~39세 가구는 1억 4,171만 원이라고 합니다. 이 중에서 전월세 보증금이 20대는 5,716만 원, 30대는 7,092만 원을 차지한다고 해요. 보증금을 빼면 20대는 평균 3,400만 원을, 30대는 7,079만 원을 모은 것이죠.

물론 여기서도 기준은 '가구'라는 점을 잊으면 안 돼요. 20대 가구는 평균적으로 가구원 수가 1.46명이고, 30대 가구는 2.25명이네요. 평균 가구원 수로 나눠보면, 1인 기준 20대는 보증금을 빼고 2,329만 원, 30대는 3,146만 원 정도를 모은 셈이죠.

이 금액의 대부분은 예금과 적금으로 모은 돈인 듯해요. 이 조사에 따르면 예·적금에 넣어둔 돈이 20대는 평균 3,220만 원, 30대는 6,671만 원이라고 하니, 보증금을 뺀 돈의 대부분이 예·적금에 들어있는 셈이거든요.

다른 사람들은 월급을 어떻게 관리할까

통계와의 비교를 통해 대략적으로 나의 상황에 대한 객관적인 감을 잡으셨기를 바랍니다. 하지만 통계는 평균이라 아무래도 현실적으로 나와 맞지 않는 부분도 있을 거예요. 이번에는 친구들에게 민망함을 무릅쓰고 부탁해 들은 얘기를 들려드릴게요. 구체적인 예시를 통해 주변 사람들은 어떻게 월급 관리를 하고 있는지 살펴보는 거죠.

A: 연봉 4,000만 원대, 30세, 중소기업 재직

한 중소기업에 다니는 A는 상여금을 합쳐 4,000만 원대 연봉(세후 기준)을 받습니다. 급여의 약 64%인 210만 원을 저축과 투자에 할애합니다. 예·적금은 정책 상품 위주로 가입하고 나머지는 국내 및 해외 주식에 투자하고 있어요. 통신비가 200원으로 거의 들지 않다시피 하는데, 비결은 알뜰폰 요금제라고 합니다. 부지런히 신규 가입 무료 혜택 이벤트를 하는 알뜰폰 요금제를 찾아 갈아탄 결과라고 하네요.

A의 월 소득과 지출 내역

소득	월 평균 소득	330만 원
지출	저축	청약 10만 원, 청년희망적금 50만 원
	투자	국내 및 해외 주식 150만 원
	보험료	실손의료보험료 3만 원
	대출	전세자금대출 이자 4만 원
	그 외 고정 지출	관리비 10만 원, 주택 임대료 7만 원, 부모님 용돈 10만 원
	월 평균 카드 이용 금액	80만 원 내외 (식비 40만 원, 교통비 10만 원, 통신비 200원, 기타 생활비 20만 원)

B: 연봉 2,000만 원대, 31세, 공기업 재직

B는 본가에 살면서 한 공기업에서 계약직으로 일합니다. 결혼 자금을 모으기 위한 적금에 붓는 10만 원을 포함해 총 70만 원을 매달 저축하고 있습니다. 또 지출을 최소화해 남는 돈은 비상금 통장에 모아둔다고 합니다. 고정적으로 월급의 33%를 저축하고, 쓰고 남는 돈까지 합치면 매달 최대 소득의 57%를 저축하는 셈이네요.

B의 월 소득과 지출 내역

소득	월 평균 소득	210만 원
지출	저축	청약 10만 원, 청년희망적금 50만 원, 적금 10만 원, 쓰고 남은 돈은 비상금 통장에 저축
	투자	3~4개월에 한 번 10만 원씩 코인 투자
	보험료	부모님 대납
	대출	없음
	그 외 고정 지출	관리비 20만 원
	월 평균 카드 이용 금액	70~80만 원 (식비 30만 원, 경조사비 5~10만 원, 교통비 10만 원, 데이트 비용 6만 원, 쇼핑 5만 원, 통신비 5천 원)

C: 연봉 8,000만 원대, 32세, 변호사

변호사인 C의 연봉은 약 8,325만 원입니다. 한 대기업 사내 변호사로 일하는데, 성과급을 제외하면 월 평균 실수령액은 550만 원 정도라고 해요. 이 중 300만 원을 저축하는데, 매달 만기가 돌아오는 정기예금에 300만 원을 얹어 새로 정기

예금에 가입하는 일명 '예금 풍차돌리기'를 실천하고 있다고 합니다. 연금저축펀드를 통해 상장지수펀드^{ETF}와 주식에도 한 달에 30만 원씩 투자하고 있다고 해요.

무슨 말인지 모르겠다고요? 괜찮습니다. 앞으로 차근차근 다룰 거니까요. 지금은 C가 월급에서 고정적으로 약 60%를 저축과 투자에 할애하고 있다는 것만 이해하면 됩니다.

C의 월 소득과 지출 내역

소득	월 평균 소득	550만 원
지출	저축	청약 없음, 정기예금 300만 원
	투자	연금저축펀드 30만 원
	보험료	20만 원
	대출	없음
	그 외 고정 지출	부모님 용돈 10만 원
	월 평균 카드 이용 금액	160만 원 (운동 55만 원, 선물(경조사 비용 포함) 24만 원, 교육비 23만 원, 식비 14만 원, 통신비(인터넷 포함) 12만 원, 교통비 7만 원, 쇼핑(옷) 3만 원)

혹시 A, B, C의 소득이나 저축 비율을 보고 나와 비교되는 것 같아 주눅들었다면, 그럴 필요 없습니다. 우리는 불확실한 미래에 대비하고 원하는 삶에 가까워지고자 돈을 모읍니다. 옆 사람과 '누가 누가 돈 더 많이 모으나' 대결을 하는 게 아니죠. 친구가 돈을 나보다 많이 모았다고 내가 모은 돈이 줄어드는 것도 아닙니다.

사람마다 인생에서 원하는 것이 다르므로 필요한 돈도 다릅니다. 나에게 행복한 인생을 위해 필요한 것이 무엇인지 생각하고, 그에 맞춰 필요한 만큼 목표를 세워 돈을 차근차근 모아 나가면 됩니다. 각자 출발선이 다르다는 점을 무시할 수는 없겠죠. 하지만 확실한 건 나의 재무 상태를 제대로 알고, 계획을 세워 성실하게 저축하면, 훨씬 안정적이고 내가 원하는 삶에 가까워질 수 있다는 겁니다.

계란을 한 바구니에 담지 말라

이렇게 말씀드리면 '저축 말고 투자만 하면 안 되나요?'라고 묻고 싶은 분도 계실 테지요. '요즘 같은 시대에 저축으로 어느 세월에 돈을 모으냐'고 생각할 수도 있겠습니다. 갈 길이 머니 지름길을 택하고 싶은 마음도 이해는 갑니다. 하지만 재테크의 기본 원칙 중 하나는 '계란을 한 바구니에 담지 말라'는 것입니다.

혹시 이런 뉴스 보신 적 있나요? 은행원 말만 믿고 고수익 고위험 상품에 덜컥 큰돈을 넣었다가 원금을 날린 사람들이 시위를 벌였다든가, 빚을 내어 코인에 투자했다가 큰돈을 잃은 회사원이 회삿돈에 손을 댔다 적발됐다든가 하는 뉴스요. 경제부 기자로 일하다 보면 심심치 않게 전하는 소식입니다. 이런 일이 반복되는 건 투자의 성패를 예측하는 것이 그만큼 어렵기 때문이죠.

투자의 성패는 다양한 요인에 의해 결정됩니다. 만약 주식에 투자했다면, 내가 산 회사의 실적은 물론이고 그 회사가 속한 업계의 업황부터 금리, 환율, 물가 등 국내외 경제를 관통하는 거시 경제 변수가 주가에 영향을 줍니다. 고려해야 할 것들이 너무 많다 보니 주가가 언제, 얼마나 오르고 내릴지 예측하는 게 그만큼 어렵죠. 코인 같은 경우 등락 폭도 더 크고 이를 예측하는 것 역시 더욱 어렵습니다.

그렇다 보니 투자를 할 때 어느 한 상품에 가진 돈을 몽

땅 넣는 건 위험합니다. 특히나 등락폭이 큰 고위험 자산인 경우에는 더더욱이요. 투자는 원금을 잃을 위험을 감수하고 예금 금리보다 높은 수익을 낼 수 있는 '금융투자상품'에 돈을 넣는 일입니다. 결과를 예측할 수 없는 일에 가진 돈을 모두 넣는 건 도박과 다름없겠죠. '계란을 한 바구니에 넣지 말라'는 말도 이런 이유에서 여러 상품에 돈을 나눠 넣어야 한다는 뜻입니다. 어느 한 곳에서 손실이 나도 다른 곳에서 나는 수익으로 위험을 분산시킬 수 있도록 말이죠.

재테크의 기본 '선 저축, 후 지출'

저축과 투자를 함께 해야 하는 이유도 마찬가지로 설명할 수 있습니다. 예·적금처럼 상대적으로 이자율이 낮아도 원금 손실 위험이 없는 금융 상품에 돈을 넣으며 꾸준히 저축하는 것은 가장 확실하고 안전하게 목돈을 모으는 방법입니다.

저축 없이 투자만 한다면 목돈 모으는 기간을 단축할 수도 있겠지만, 반대로 이 기간이 늘어날 가능성도 큽니다. 이런 불확실성을 줄이기 위해 재테크 전문가들은 저축과 투자를 함께 해야 한다고 말합니다. 저축을 통해 우선 목돈을 모은 뒤, 이 돈을 투자로 불려가는 게 재테크의 일반적인 방법이죠. 앞에서 본 소득 수준도, 재테크 스타일도 제각각인 A, B, C 역시 저축과 투자를 병행하고 있습니다.

또 다른 공통점도 있는데요. 그건 바로 월급에서 저축과 투자를 먼저 하고 남는 돈을 쓴다는 점입니다. '선 저축, 후 지출'은 재테크의 기본입니다. 쓰고 남는 돈을 저축해서는 계획적인 저축이 어렵기 때문이죠.

그렇다면 어떻게 선 저축, 후 지출을 실천할 수 있을까요? 단순히 굳은 의지만 갖고는 안 됩니다. 계획이 필요합니다. 선 저축, 후 지출은 한마디로 정해진 예산 안에서 생활해야 한다는 뜻입니다. 그러려면 앞서 파악한 나의 월별 수입과 지출을 토대로 예산을 세우고, 주기적으로 내가 예산에 맞게 생활하고 있는지 점검해야 해요. 다음 편에서는 예산 짜는 법에 대해 알아보겠습니다.

나 자신과의 협상, 예산 짜기

사실 우리는 앞에서 예산 짤 때 필요한 준비를 거의 다 했습니다. 남은 건 저축 목표를 세우는 일이에요. 우리에게 당장 필요한 건 '시드머니'라고 부르는 종잣돈이죠. 일단 종잣돈을 성실하게 모으고 나면, 그 돈을 조금 더 수익률 높은 곳에 투자해 돈 불리는 속도를 높여갈 수 있습니다. 결혼이나 내 집 마련처럼 큰돈이 필요한 시기에 맞춰서요. 그러니 우선 종잣돈 모으기부터 시작하면 됩니다. 금액은 1,000만 원도 좋고 3,000만 원도 좋습니다. 천만 원 단위 돈을 모으는 것부터 시작해보는 거죠.

만약 종잣돈을 모아놓은 경우라면 여러 저축 목표에 적합한 돈 불리기 방법이 뭐가 있는지 알아보는 게 좋겠죠. 언제까지나 적금으로 돈을 모으는 건 비효율적이니까요. 목돈이 생겼다면 좀 더 수익률 높은 곳에 투자해 돈 모으는 속도를 높여 나가는 겁니다. 5년 내 원금과 수익금을 회수해야 한다면 그에 맞는 투자 계획이 필요하겠죠.

이 부분은 전문가 상담을 받아보는 게 좋은데, 이후 나올 재무상담 편을 읽어보고 직접 상담을 받아보는 걸 추천합니다. 물론 구체적인 상품 선택은 본인이 직접 해야 하기에 차근차근 이 책을 읽어가면서 금융 투자 상품에 대한 이해도를 높여 나가면 좋겠습니다. 더불어 노후 자금 마련처럼 장기 투자일수록 조금 더 위험 부담을 지는 투자를 해도 된다는 원칙 정도는 기억해두시면 좋겠습니다.

예산 짜기는 나와의 협상

나만의 저축 목표를 세웠다면 목표를 이루기 위한 계획이 필요하겠죠? 이 계획의 핵심이 바로 예산입니다. 매달, 그리고 1년 단위로 금액을 정해놓고 그 돈 내에서 생활하겠다는 목표를 세우는 거예요.

예산 짜기는 여러 면에서 유용한데요, 우선 내 저축 목표를 현실적으로 조정할 수 있게 도와준다는 점에서 그렇습니다. 내 평소 씀씀이에서 현실적으로 줄일 수 있는 부분을 따져보고 매달 얼마나 저축할 수 있는지 정확히 알 수 있게 해주니까요. 연간 수입에서 연간 지출을 빼면 내가 1년에 저축할 수 있는 금액을 구할 수 있을 겁니다. 연간 지출 같은 경우 앞에서 파악한 월간 고정 및 변동 지출에 12를 곱한 뒤 비정기 지출과 합쳐 대략적인 금액으로 계산해봅니다.

만약 저축 여력이 목표로 잡은 저축액보다 적다면, 매달 쓰는 돈에서 줄일 구석이 없는지 살펴봐야 합니다. 이게 예산 짜기의 핵심입니다. 앞에서 고생해 분류한 고정, 변동, 비정기 지출 내역을 보면서 좀 덜 써도 될 것 같은 항목을 추려내봅시다. 가령 1년에 1,000만 원을 모으겠다고 목표를 세웠다고 해봅시다. 연 3% 금리의 적금에 돈을 붓는다 치면 매달 82만 원을 납입해야 해요. 그런데 월별 저축 여력이 70만 원이라면 12만 원을 더 아껴야 한다는 얘기겠죠.

큰돈이 드는 고정 지출을 줄이는 게 가장 효과적입니다.

하지만 고정 지출을 줄이려면 이것저것 알아봐야 할 게 많습니다. 우선 지금은 비정기 지출과 변동 지출에서 줄일 수 있는 만큼 줄여보는 데 집중하겠습니다. 대출 원리금이나 보험료 같은 고정 지출을 줄이는 방법은 대출과 보험료 편에서 다뤄볼게요.

매달 고정 지출과 변동 지출 항목별로 얼마나 쓸지를 정해봅니다. 비정기 지출은 연간 기준으로 잡고요. 배달 음식은 한 달에 얼마나 시켜먹을 건지, 카페 가는 비용은 어느 정도로 쓸지 정해보는 거죠. 사람마다 중요하게 생각하는 게 다르니 어디서 얼마나 줄일지는 개인의 선택입니다. OTT 구독료를 줄일 수도 있겠고, 외식 비용을 아낄 수도 있겠죠. 술을 덜 마실 수도 있을 겁니다.

이때 중요한 건 무리하지 않는 겁니다. 예산을 세우고 지키는 일은 다이어트와 비슷합니다. 나와의 약속을 지키는 일은 언제나 어렵죠. 예산 세울 때와 돈 쓸 때 마음이 다릅니다. 그래서 목표는 현실적으로 잡는 게 중요합니다. 그래야 실패할 가능성을 줄일 수 있거든요. 너무 야심 찬 예산을 세우면 허리띠를 조르다 지쳐 예산이고 뭐고 포기하게 될 수도 있습니다. 제가 딱 그랬습니다. 건강과 행복을 잃지 않는 선에서 아껴 써야 지속 가능합니다.

얼마나 줄여야 할지 잘 감이 잡히지 않는다면 앞에서 파악한 항목별로 10%씩만 우선 줄여보세요. 커피 사먹는 데 한 달에 70,000원씩 썼던 분이라면, 우선은 7,000원만 덜 써보는 거죠. 어렵지 않겠죠? 그리고 한 달 살아보고 괜찮다 싶으면 거기서 조금 더 예산을 줄여보고요. 직접 해보니 결국 예산은 여러 번 수정하게 되는데, 이때 실패의 경험이 쌓이는 것보다는 성공의 경험이 쌓이는 쪽이 꾸준히 예산을 지키는 데 도움이 되는 것 같더라고요.

저축하면서 생각해봐야 할 것들

사회 초년생 때는 사실 일단 저축을 시작하고 종잣돈을 모으는 게 가장 중요하지만, 시간이 지날수록 필요한 자금에 따라 좀 더 계획적으로 돈을 모을 필요가 커지게 됩니다. 시야를 좀 넓게 가져볼까요? 살면서 큰돈이 필요한 경우에는 크게 결혼, 내 집 마련, 노후 대비 등이 있습니다. 자녀를 낳는다면 자녀 관련 비용도 추가되겠죠.

그런데 이런 중장기 이벤트에 대비하려면 얼마가 필요한지 선뜻 감이 오질 않습니다. 결혼이나 내 집 마련에 필요한 돈은 사람마다 다를 수밖에 없기도 하고요. 남들은 얼마나 쓰는지 참고해서 계획을 세우는 데 활용해봅시다.

우선 결혼 비용부터 살펴볼게요. 결혼정보업체 듀오에서는 매년 '결혼비용보고서'라는 자료를 내놓습니다. 1~2년 차 신혼부부 1,000명을 상대로 2025년에 실시한 설문조사 결과인데요. 신혼부부가 결혼에 쓴 비용은 평균 5,765만 원 정도였다고 해요. 예식홀을 빌리는 데 1,401만 원, 그 외 웨딩 촬영(스튜디오), 드레스, 메이크업 등 웨딩 패키지를 합쳐 441만 원이 든다고 하고요. 그 외에도 신혼여행(965만 원), 예단(770만 원), 예물(591만 원), 이바지(141만 원) 등을 합쳐서요.

만약 결혼을 염두에 두고 있다면 대략 5,000~6,000만 원의 절반인 2,500~3,000만 원 정도를 저축하겠다는 목표를 잡으면 되겠죠. 내 집 마련을 원하는 분들도 앞의 조사에서 눈여겨 볼 부분이 있는데요. 바로 신혼집 마련에 평균 3억 408만 원이 들었다는 대목입니다. 주택 구입에 드는 비용은 매물과 지역에 따라 천차만별이라 평균을 제시하는 게 의미가 없을 수 있지만 감을 잡을 수는 있겠습니다.

　마지막으로 가장 길게 보고 모아야 할 돈이 노후 자금일 텐데요. 2024년 통계청 가계금융복지조사를 보면 평균 은퇴 연령은 63세였어요. 2023년 기준 평균 기대수명은 83.5세고요. 쉽게 말해 63세부터 83.5세까지 약 20년을 월급 없이 살 수 있도록 준비해야 한다는 뜻입니다.

　통계청 조사 응답자들은 월 평균 336만 원 정도가 은퇴 후 적당한 2인 가구 생활비라고 답했다고 해요. 하나금융연구소에서 분석한 바에 따르면 65세 이상 가구의 실제 월 평균 지출은 182만 원 정도였다고 하고요. 다만 노후 생활비가 부족하다고 느끼는 이들이 57%나 됐다고 하니, 이보다는 좀 더 돈이 필요하다고 보면 될 것 같습니다.

　은퇴 후 매달 300만 원을 쓸 수 있도록 노후 준비를 한다고 해볼까요? 8억 6,400만 원이 필요하네요. 물론 우리에겐 국민연금이 있습니다. 국민연금 노후준비서비스 사이트에서 예상 연금수령액을 계산할 수 있으니 예상 수령액을 한 번 조회해보세요. 저는 대략 월 120만 원을 수령할 수 있다고 뜨네요. 그럼 제가 모아야 할 돈은 월 180만 원씩 20년 치이니, 총 4억 3,200만 원이네요. 보유한 집을 담보로 맡기고 사망할 때까지 매달 연금을 받는 주택연금을 활용하면 실제 모아야 할 돈을 더 줄일 수도 있을 겁니다. 내 집 마련이 노후 준비에도 도움이 되는 셈이죠.

이렇게 중장기적으로 돈 들 일을 생각해보니 정신이 아득해지는 것만 같습니다. 이런 얘기를 드린 건 지금 당장 돈을 아끼고 불리는 일이 누구에게나 중요하다는 걸 얘기하고 싶어서예요. 부자가 되고 싶어서가 아니라 노후에 경제적으로 무탈하기 위해서라도 돈을 모으고 불려둬야 하는 것이죠. 차근차근 종잣돈을 모아 그 돈을 투자해 불려나간다면 생각보다 까마득한 목표가 아닐 수 있어요.

또, 노후 대비를 위한 전용 상품들도 있으니 지금부터 꾸준히 준비해나가면 너무 걱정할 필요 없습니다. 미래 대비를 위한 부분은 뒤에서 따로 다룰 거예요. 그러니 너무 주눅들지 말고 일단 첫 발을 떼어 봅시다. 지금이라도 시작했다는 게 중요합니다.

다음 편에서는 내가 세운 예산을 잘 지키기 위해 필요한 '통장 쪼개기'를 알아보겠습니다. 가계부 쓰는 법은 2장에서 자세히 알려드릴게요.

선 저축 후 지출을 위한 통장 쪼개기

우리는 앞서 선 저축 후 지출을 실천하기 위해 예산을 세웠습니다. 이 예산에 따라 계획적인 소비 생활을 하기 위해서는 굳센 의지 외에도 필요한 게 있습니다. 바로 통장이죠. 그것도 최소 4개의 통장이 필요합니다. '통장 쪼개기'라는 걸 하기 위해서죠. 통장 쪼개기는 뭐고, 통장은 왜 4개씩이나 필요할까요? 우선 제 얘기를 해볼게요.

월급날이 되면 생각합니다. "조금만 쓰고 남는 돈은 저금해야지." 하지만 매번 실패해요. 그런데 실패할 수밖에 없는 이유가 있더라고요. '쓰고 나서' 남기겠다는 계획 자체가 잘못된 거였어요. 요거트 아이스크림도 먹고 싶고 새 운동화도 사고 싶어요. 소비하고 싶은 게 너무 많습니다. 소비에는 끝이 없어요. 돈을 모으려면 우선 '빼놓고 나서' 써야 하는 거죠. '선 지출 후 저축'이 아니라 '선 저축 후 지출'을 해야 하는 겁니다.

'통장 쪼개기'란 무엇일까

여러분은 통장을 몇 개 갖고 계신가요? 저는 금융결제원 계좌통합관리서비스 사이트(www.payinfo.or.kr)의 '내 계좌 한눈에'에서 제가 가진 계좌를 조회해봤습니다. 가입해두고 잊고 있던 계좌와 거기 들어있는 돈을 싸그리 찾을 수 있는 서비스예요.

 저에게는 통장 10개가 있더라고요. 그중 자주 쓰는 통장은 5개 정도인데요. 월급날이 되면 '감'으로 은행마다 대충 돈을 조금씩 넣어놓습니다. 친구들 계모임 자동이체는 카카오뱅크에 걸어놓고 공과금 자동이체는 하나은행에 걸어놨습니다. 대출금 이자는 우리은행으로 빠져나갑니다. 잔액 부족으로 빠져나가야 할 돈이 안 나갔다면 여러 통장을 뒤집니다. 어디에 얼마가 있는지 모르니까 혹시 잊고 있었던 돈이 있지는 않을까, 매번 기대하면서요. 근데 역시 없습니다. 망했다 싶어져요. 그럼 과거에 생각 없이 가입했던 카카오뱅크 소액 적금을 깹니다.

통장 쪼개기를 제대로 하지 않았기에 벌어지는 나쁜 예라고 할 수 있을 것 같아요. 재테크 전문가들은 돈을 모으려면 "가계부 쓰기와 통장 쪼개기가 기본"이라고 하더라고요. 저도 통장이 10개로 쪼개져 있기는 한데…. 돈을 모으는 통장 쪼개기 방법은 따로 있습니다. 용도별 통장을 만들고, 월급을 받자마자 각 통장에 돈을 나눠 입금하고 관리하는 것을 '통장 쪼개기'라고 합니다. 통장마다 목적을 다르게 정하고 사용하는 것이 중요한 거죠.

돈을 못 모으는 저는 되는 대로 통장을 사용했는데요. 돈을 착실하게 모으는 제 친구는 (주택청약 통장, 적금 통장을 제외하면) 월세·세금 등의 고정비가 나가는 월급 통장, 식비·여가 등 변동 지출 목적의 소비 통장, 투자 통장, 저축 통장, 비상금 통장 등 각 목적에 맞게 통장을 5개로 나눠 쓰고 있었습니다. 각자 필요에 따라 몇 개든 만들어도 좋지만 월급 통장, 소비 통장, 비상금 통장, 저축 통장, 이렇게 4개는 기본적으로 있어야 합니다.

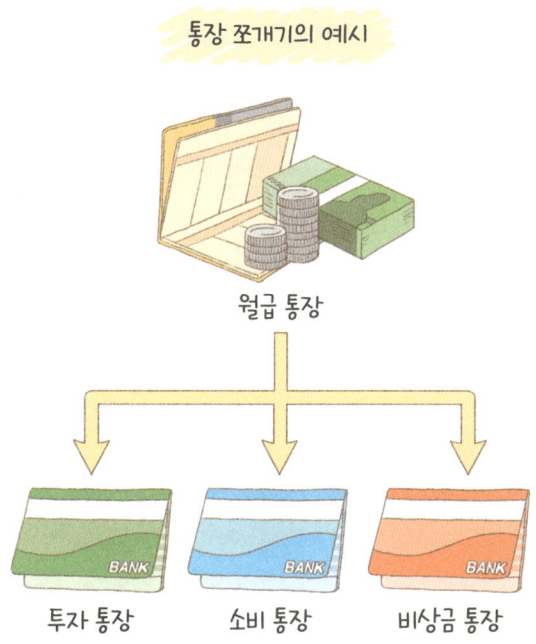

왜 통장 쪼개기를 해야 할까

왜 돈에 칸막이를 만들어야 할까요? 그 이유를 '극단적으로' 설명해보겠습니다. 월급을 320만 원 받는다고 가정해봅시

057

다(월급 외에 다른 비용은 없다고 가정합니다). 이번 달에 외식비로 60만 원을 써야겠다고 마음먹고 소비를 합니다. 60만 원을 다 썼어요. 통장이 하나뿐이라면 '260만 원이 남았네'라고 생각되겠죠? 치킨 한 마리 더 시켜 먹어도 258만 원이 남습니다. 잔액이 비슷하게 느껴집니다. 피자 한 판을 더 시켜 먹으면 255만 원이 됩니다. 역시 그 전이랑 큰 차이 없는 것 같죠. 이런 식으로 반복하다 보면 돈이 새어나가기 쉽습니다. 제가 지금 이렇게 살고 있습니다…. 돈을 쓴 것 같지도 않았는데 정신을 차려보니 잔액이 사라져 있죠.

하지만 외식비 통장을 만들어 60만 원만 넣어둔다면 어떨까요? 유난히 일이 고됐던 어느 날, 퇴근을 하는데 갑자기 거리가 쓸쓸해 보이고, 마침 친구가 근처에 있다고 연락이 왔습니다. 기분 좋게 하이볼 몇 잔과 안주를 샀습니다. 외식비 통장 잔고는 이제 50만 원이 됩니다. 왠지 조급해집니다. 한 달을 살기 위해서는 떡볶이 한 번은 참아야겠죠. 외식비 소비를 한도 안으로 조절하려고 노력하게 됩니다. 결국 통장 쪼개기는 항목별로 소비를 쉽게 통제할 수 있는 좋은 방법인 셈입니다.

통장 쪼개기에 적합한 상품

용도가 다른 만큼 통장별로 적합한 상품도 따로 있습니다. 돈 흐름의 시작이 되는 월급 통장은 물류센터의 역할을 합니다. 돈을 각 목적에 맞는 통장으로 보내는 것이죠. 편하게 자동이체를 걸어두는 사람도 있고, 내 돈을 스스로 관리한다는 느낌을 받기 위해서 하나하나 직접 이체하는 사람도 있습니다. 돈이 입금과 동시에 다른 통장으로 빠져나가다 보니 다른 통장에 비해 금리는 상대적으로 덜 중요합니다.

반면 다른 통장으로 돈을 이체할 때 수수료 면제 등 혜택이 많고 클수록 좋겠죠? 은행마다 이런 특성을 가진 '월급(급여) 통장' 상품이 있습니다. 이 통장의 핵심 혜택은 고객이 정한 월급일(전후 1영업일 포함)에 타인으로부터 50만 원 이상이 입금되는 식으로 조건을 충족하면 그 다음 달에 이체 수수료를 모두 면제해주는 식입니다.

소비(변동비) 통장은 변동 지출이 빠져나가는 통장이죠. 그러니 자신의 소비를 모니터링하는 게 중요합니다. 앱 푸시든 문자든 확인하기 편한 방법으로 출금 안내가 무료로 돼야 합니다. 할인이나 포인트 적립, 캐시백도 되면 좋겠죠?

보통 은행 입출금 통장과 연동해 체크카드를 발급받을 수 있으니 자신이 돈을 많이 쓰는 분야에서 혜택이 큰 카드와 연계된 은행에서 입출금 계좌를 개설하면 좋습니다.

비상금 통장도 필수입니다. 예상치 못한 지출에 대비하기 위한 비상금을 모아두는 통장이죠. 보통 월급의 두세 달치 정도를 모아놓고 유지하는 게 적당합니다. 갑자기 경조사가 몰릴 수도 있고, 빙판길에 넘어져 핸드폰이 깨질 수도 있으니까요. 언제든 돈을 넣고 빼기 쉬우면서도 금리까지 높으면 좋겠죠.

여기에 특화된 게 CMA 통장이나 '파킹 통장'입니다. 돈을 하루만 넣어둬도 수시입출식 예금보다 높은 금리를 받을 수 있는 상품입니다. 특히 비상금 통장 관리에서 중요한 점은 '비상시'를 정의하는 일입니다. '미쳤다, 저 옷 너무 갖고 싶다. 완전 내 꺼다. 비상이다!'라고 생각하면 안 됩니다.

가장 중요한 저축 통장! 통장 중에서 상대적으로 가장 큰돈이 들어가게 되니 금리가 중요해집니다. 기본금리, 우대금리 등을 다 따져야겠죠. 금리의 종류, 금리를 더 받기 위한 방법은 뒤에서 소개하겠습니다.

통장 쪼개기의 기본을 배웠다면, 이를 바탕으로 각자 생활 패턴에 맞는 통장을 추가로 둘 수도 있을 겁니다. 여행을 좋아하는 사람이라면 여행자금 통장을 추가로 만들 수 있겠죠. 주기적으로 여행을 매번 가는 사람이라면 고정비 통장으로 같이 써도 되겠지만, 그때그때 스케줄에 맞춰 떠나는 사람이라면 통장이 따로 있어야 관리가 편할 거예요. 저는 '문화센터 통장'을 따로 만들까 합니다. 1년에 3~4번 수업을 듣는데, 수업 기간과 수강료가 매번 다르거든요.

여러분은 어떤 통장을 추가로 만드실 계획인가요? 어떤 추가 통장이 필요한지 고민하다 보면 자기 삶의 특별함에 대해 생각해보는 계기가 될 수 있을 거예요.

전문가에게 무료로 재무상담 받기

'이렇게 하는 게 맞나….' 지출을 파악하고 통장도 쪼개봤지만 여전히 돈을 모으고 불리는 일은 어렵습니다. '이렇게 해서 언제 돈 걱정 없이 살지?' 막막함도 밀려옵니다. 인터넷에 열심히 검색해서 찾은 재테크 기초를 따라 하고 있지만 제대로 하고 있는 건지도 확신이 안 서고요. 이런 분들에게 '무료 재무상담'을 추천합니다.

포털사이트 등에서 재무상담을 찾아보면 대개는 유료입니다. 돈 모으자고 재테크 공부를 시작했는데 돈을 쓰기는 솔직히 아깝습니다. 무료 재무상담, 금융상담을 검색하면 '불호' 후기가 넘쳐납니다. 공짜로 상담해준다고 해서 갔는데 결국에는 영업이더라, 하는 식이죠.

그게 아니어도 '고정수입도 적고 모은 돈도 없는데 굳이 상담까지?' 싶은 생각이 들기도 합니다. 재무상담이라고 하면 이미 넉넉한 자산을 멋지게 굴릴 투자처를 찾는 사람에게 필요한 서비스처럼 느껴지기도 합니다. 하지만 믿을 만하고 무료인 재무 상담도 있습니다.

대표적인 무료 재무 상담

금융감독원 금융자문서비스

금융감독원(이하 금감원)에서는 누구나 무료로 일대일 상담을 받을 수 있는 금융자문서비스를 운영하고 있습니다. 국제재무설계사^{CFP} 자격증이 있고 금융 회사나 상담 경력이 5년 이상인 전문가가 상담해줍니다. 지출 관리, 저축과 투자, 주거 등 전반적인 주제에 대한 상담을 제공합니다. 서울 여의도에 위치한 금감원 본원에서 대면 상담을 받을 수 있고, 대면이 어렵다면 전화 상담도 가능합니다. 금융소비자 정보포털

'파인'에서 상담 예약을 하면 됩니다.

서울시 영테크 재무상담

서울에 사는 19~39세라면 영테크 상담을 받을 수 있습니다. 역시나 현직 재무설계사^{AFPK·CFP}가 일대일로 상담을 해줍니다. 청년을 대상으로 한 프로그램이다 보니 재무 상태를 잘 살펴보고 목표 달성을 위한 구체적인 계획을 세우는 데 초점을 맞추고 있습니다. 만약 프로그램을 이용한 적이 없는 사람이라면 최대 세 번까지 이용할 수 있고, 이미 상담을 받아본 적이 있다면 두 번까지 상담을 받을 수 있어요. 대면과 전화 상담 모두 진행합니다. '서울 영테크' 사이트에서 신청할 수 있습니다.

이밖에도 여러 지자체가 재무상담 프로그램을 운영하고 있습니다. 지자체의 청년 대상 프로그램을 안내하는 사이트(경기청년포털, 부산청년플랫폼 등)에서 찾아볼 수 있습니다. 사업 기간이나 인원이 한정된 경우가 많으니 확인은 필수입니다. 청년 대상이 아니더라도 지자체별로 거주민을 대상으로 재무상담을 제공하기도 합니다.

재무상담 실전 후기

저희는 직접 금감원 금융자문서비스(지현)와 서울시 영테크 재무상담(해영)을 이용해봤어요. 우선 본격적인 상담에 앞서 해야 할 숙제가 있습니다. 바로 자신의 재무 상태를 '셀프 점검' 하는 일입니다. 고정 수입은 얼마나 되는지, 대출은 얼마나 있는지, 평소에 주로 돈을 어디에 얼마나 쓰는지, 왜 재무상담을 받으려고 하는지, 돈을 열심히 아끼고 모아서 뭘 하고 싶은지 등입니다. 앞서 소개했던 자산 상태와 지출 내역 파악, 예산 짜기 등을 활용하면 좋습니다. 덕분에 지현은 꼼꼼히 잘 정리했다고 칭찬도 받았습니다.

　숙제도 다 했으니 이제 본격적인 상담입니다. 금감원과 서울시 모두 신청부터 실제 상담까지는 넉넉잡아 2주 정도 걸렸어요. 신청 시기 등에 따라서 이 기간은 차이가 있겠습니다. (참고로 서울시 영테크 재무상담은 한 해 단위로 진행하는 사업이어서 연말로 가면 예산 소진으로 이용이 어려울 수 있습니다. 2024년에는 10월 23일에 일찌감치 마감됐어요.)

　상담은 숙제를 기반으로 진행합니다. 재무 상태를 열심히 점검하긴 했지만… 전문가와 함께 일단 '셀프 점검'에 구명이 없는지 살펴봐요. 예를 들면 이런 식입니다. 월급쟁이라고 해도 상여나 추가 근무 정도에 따라 실제 월급 수령액이 들쭉날쭉할 때가 있잖아요. 프리랜서 등 직업에 따라 그 폭이 더 클 수도 있겠고요. 그럴 때는 월급을 최대한 보수적으로, 즉 적은 금액으로 생각하고 예산을 짜야 한다고 합니다. 기분 좋으라고 큰 금액이 들어올 거라고 믿었다가 낭패를 볼 수 있기 때문이겠죠.

저는 예상치 못하게 들어온 상여 같은 추가 수입을 예산과 지출 내역에 제대로 반영하지 않고 있었는데, 전문가가 '매의 눈'으로 알아차리고 지적해줬습니다. (당연한 말이지만 이런 예외적 추가 수입을 예산·지출에 제대로 반영하지 않으면, 돈이 생겼다는 기쁨에 취해 쥐도 새도 모르게 후루룩 써버릴 가능성이 크다는 경고(?)를 들었습니다.)

저희가 그랬듯이 아마 많은 분들이 상담 초반에는 '지출'에 대한 이야기를 많이 하게 될 거예요. 들어오는 쥐꼬리만한 돈이 어디로 다 사라지는지 알아야(지피지기!) 저축도 투자도 할 테니까요. 분명히 카드 사용 내역을 박박 뒤져가며 열심히 정리했는데 상담을 하다 보면 '어라, 이건 왜 빼먹었지' 싶은 게 보이더라고요.

재무 목표는 최대한 구체적으로

이렇게 전문가와 지출 항목을 하나하나 따져보면서 현실적으로 어디서 얼마나 어떻게 허리띠를 졸라맬 수 있을지를 함께 고민할 수 있습니다. 지현은 이런 식으로 지출을 줄여 '영끌' 했더니 기존보다 한 달에 100만 원은 더 저축할 수 있다는 결론이 나왔어요.

재테크는 잘 모르지만 평소에 돈을 아껴 쓰는 편인 사람도 재무상담에서 큰 도움을 받을 수 있습니다. 저는 지현에 비하면 원래 지출이 월급의 약 40% 정도로 크지 않은 편인데요. 이 때문에 줄일 곳을 찾기보다는 돈을 어떻게 잘 쓸지에 집중해 상담이 진행됐어요. 예를 들어 생활비 체크카드를 두 장 쓰고 있었고 사용처도 구분하지 않았는데, 특별한 이유가 없다면 하나만 쓰는 게 더 좋다는 조언을 들었습니다.

이렇게 상담을 받다 보면 아마 혼나는 기분이 들 수도 있습니다. (다행히 저희가 만난 전문가들은 모두 상냥하고 친절했지만 개개인이 느끼는 바는 다를 수 있으니까요.) 하지만 상담 시에 중요한 태도는 바로 '주눅 들지 않는 것'입니다.

우리는 재테크를 잘 모르지만 재무 상황을 스스로 점검

하고 목표를 세우는 첫 발을 이미 뗐습니다. 시작이 반이라는 말도 있잖아요. 재무상담을 받으러 오는 이들은 자산 수준도 소비 패턴도 다양합니다. 나는 이미 틀려먹은 것 아닌가, 하는 생각을 할 필요가 없습니다. 금감원 전문가도 "목돈을 모으려는 20대부터, 노후 준비를 잘하고 있는지 걱정되는 50대까지 다양한 사람들이 온다"고 하더라고요.

저희도 질문을 많이 했어요. "제 월급이 적은 편인가요?" "보통 저 정도 사회생활을 한 사람들이 돈을 어느 정도 모았나요?" "신용카드를 너무 많이 쓰는 것 같은데 진짜로 잘라야 될까요?" 같은 기초적인 질문을요. 물론 그 과정에서 "또래 대비 지출이 많다"는 말에 뼈를 맞을 수도 있습니다. 하지만 이를 거쳐야 다음 단계로 나아갈 수 있습니다.

재무 상황, 추가 저축 여지를 확인한 다음에 할 것은 목표 점검입니다. 그래야 다시 목표에 따라 예산과 지출을 조정하는 작업을 할 수 있으니까요. 재무 전문가들이 입을 모아 말하는 핵심은 재테크 목표를 최대한 구체적으로 정하는 겁니다.

저는 처음에 재무 목표를 적어내라는 숙제가 너무 어려웠어요. 30대 비혼 여성 직장인인 저로서는 당장 큰돈이 들어갈 만한 인생의 이벤트(결혼)도 없고, 돈이 더 많으면 좋을 것 같긴 한데, 지금도 나쁘지 않다고 생각하며 그야말로 얼레벌레 살고 있기 때문이었어요. 경제나 재테크에 관심도 별로 없고요. 고민 끝에 떠오른 게 '30대 안에 내 집 마련'이었습니다. 막연한 목표이긴 한데 쓰라고 하니 쓴 거죠.

전문가는 목표가 있는 점을 칭찬한다면서도 "터무니없어도 좋으니 목표를 최대한 구체화하라"고 힘주어 말했습니다. 내 집 마련이 목표라면, 어떤 지역에 어느 정도 평수의 집을 사고 싶은지, 반드시 아파트여야 하는지 다세대주택도 괜찮은지까지도 생각해봐야 한다고요. 목표 구체화에는 돈을 어디까지 끌어다 쓸지도 포함되더라고요. 집을 살 때 퇴직연금을 깰 생각이 있는지, 대출은 얼마나 감당 가능한지 등이었습니다. 집뿐 아니라 창업 준비, 결혼 준비 같은 목표도 마찬가지로 구체적일수록 좋겠죠.

목표 구체화는 상담 한두번에 완성하기 쉽지 않습니다. 그러니 재무상담을 받을 분들은 목표를 최대한 세세하게 다듬어서 들고 가시면 좋겠습니다. 구체적인 목표를 가져가면 그만큼 더 상세하고 도움이 되는 조언을 들을 수 있겠죠.

전문가들이 소개하는 투자의 원칙

저축을 늘리는 것도 좋지만 그래서 투자는 얼마나, 어디에 해야 하는지 궁금한 분들도 많을 겁니다. 상담을 통해서 개개인에 적합한 저축-투자 비율에 대한 조언도 들을 수 있습니다. 흔히 '100에서 자기의 나이를 뺀 숫자(비율)만큼 투자해야 한다'고도 하는데(젊었을 때는 공격적으로 투자하다 일부를 잃어도 회복할 시간이 많기 때문입니다), 사람마다 투자상품에 대한 지식이나 경험이 다르니 곧이곧대로 들을 만한 얘기는 아닙니다. 사회생활을 시작한 지 얼마 안 되는 사람이라면 수입의 70%가량을 주식이나 펀드에 투자해야 하는 건데, 재테크 초보라면 함부로 도전하기 쉽지 않은 수준이기도 하고요.

지현의 경우 투자 지식이나 성향을 고려해 저축액의 30% 정도를 투자하라는 조언을 받았습니다. 투자에 대한 막연한 두려움이 큰 저는 한 달에 10~15만 원씩 조금이라도 투자를 시작해보라는 이야기를 들었고요.

전문가들이 소개한 투자 원칙은 이렇습니다. 주식이라면 특정 종목보다는 여러 종목이 담겨 있어 위험이 분산되는 ETF를 살펴보고, 펀드에 투자할 때는 수수료를 염두에 둬야 합니다. 투자에 나설 때도 어떤 목적으로 돈을 모으는지, 이 투자로 얼마를 모으고 싶은지를 분명히 정해둬야 중간에 그만두지 않고 길게 갈 수 있다고 합니다.

참고로 금감원과 서울시 재무상담은 어느 상품에 투자할지를 골라주지 않습니다. 그래서 뭘 사야 하는지, 똑 떨어지는 정답을 기대했다면 실망할 수도 있어요. 하지만 재무 상황 점검과 목표 설정이 그렇듯이, 투자 역시 본인이 꼼꼼히 알아보고 선택해야 합니다. 그래서 ETF는 뭔지, 주식 투자는 어떻게 하는지는 뒤에서 자세히 살펴보겠습니다.

2장에서는 불필요한 지출을 줄이는 데 필요한 가계부 쓰는 법과 금융 지식을 알아봅니다. 현명한 신용카드 사용법, 보험료와 자잘한 고정비 줄이는 법, 연말정산을 재테크에 활용하는 법을 소개할게요.

2장

돈은
어떻게 아끼나요?

소비와 지출이 한눈에 보이는 가계부 쓰기

여러분은 가계부를 쓰시나요? 많은 이들이 돈 관리의 출발점으로 가계부 작성을 꼽고는 합니다. 내 돈이 어떻게 들고 나는지 알아야 아끼고 모으고 불릴 수 있으니까요. 하지만 하루에도 열두번씩 카드를 긁어대는데 그걸 언제 다 기록하고 있나, 싶은 걱정부터 들 겁니다. 호기롭게 가계부 작성에 도전했다가 얼마 못 가 포기하는 경우도 많고, 쓰긴 쓰는데 재테크에 도움이 되는지도 잘 모르겠고요.

　저는 2024년 1월 1일부터 가계부를 쓰기 시작했습니다. 초등학생 때 용돈 기입장을 썼던 경험을 마지막으로 가계부와는 그야말로 담을 쌓고 살아왔으나, 이번에는 의외로 한 번도 중단하지 않고 꾸준히 쓰고 있습니다. 비결이 뭐냐고요? 가계부를 쓰기 시작하는 초심자가 명심해야 할 것은 무조건 편하고 쉽게 써야 한다는 점입니다. 과장해서 말하면 대충 쓰더라도 일단 시작하면 됩니다.

가계부는 왜 써야 할까

본격적인 가계부 쓰기에 앞서 우리가 가계부를 쓰려는 목적을 생각해볼까요? 지금까지 저축 목표를 세우고 예산을 짰습니다. 재테크의 밑그림을 그린 셈이죠. 가계부는 밑그림의 선을 따고 색칠을 도와주는 도구입니다. 가계부는 내가 예산을 적절하게 세운 건지, 돈이 내가 예상했던 경로대로 나가는 게 맞는지, 아니라면 대체 어디서 새는지를 살펴보게 해줍니다. 그렇다면 일단 자주 손이 갈 수 있어야겠죠.

 가계부를 쓰기로 결심했을 때 먼저 해야 할 일은 어떤 형태의 가계부를 쓸지 고르는 겁니다. 어렸을 적 어머니가 썼던 커다란 책 형태의 종이 가계부도 있고, 꼼꼼한 수입과 지출 계산을 도와줄 수 있는 엑셀 형태의 가계부도 있죠. 저는 핸드폰 앱을 선택했어요. 필요할 때마다 바로 핸드폰을 꺼내서 쓸 수 있다는 게 가계부 앱의 가장 큰 장점입니다. 눈 뜰 때부터 잠들기 직전까지 핸드폰을 붙들고 있는 저에게 딱 맞는다고 생각했어요.

이제 지출을 기록할 차례입니다. '대충'을 다시 떠올려 볼까요? 글씨를 날려 쓰거나 금액을 대충 입력하라는 건 아니고요. 지출 항목을 최대한 단순화하라는 얘기입니다. 초심자인 우리의 목표는 돈을 식비에 많이 쓰는지, 취미생활에 많이 쓰는지를 알아내는 겁니다. 마트, 편의점, 배달음식 가운데 무엇이 가장 큰 지출인지를 가늠하는 것은 그 다음이고요.

저도 처음엔 열정이 가득해서 항목을 아주 세세하게 썼어요. 마트에서 장을 본 날엔 뭘 샀는지를 적었고, 책을 산 날엔 책 제목까지 썼어요. 문제는 이렇게 하다 보면 금방 지친다는 겁니다. 이러다 포기하겠다 싶어서 식료품, 옷, 선물 등으로 메모를 최소화했어요. 어찌 보면 초등학생 용돈 기입장(지우개, 알림장, 꾀돌이…)보다도 대충 썼습니다. 제가 쓰는 가계부 앱은 사용자가 지출 항목을 만들 수 있는데, 한

달 두 달 작성하면서 기본 지출 항목에 없지만 나에겐 필요한 것들을 추가하니 좀 더 간편하게 작성할 수 있었습니다. 예를 들어 저는 식비에서 카페·커피를 따로 떼냈어요.

이건 가계부에 어떻게 쓸까?

신용카드 내역 쓰기

가계부를 쓸 때 애매해지는 순간이 신용카드 사용 내역을 기재할 때입니다. 체크카드나 계좌이체, 현금의 경우 돈이 바로 나가지만 신용카드는 결제대금이 빠져나가는 날에 실제로 돈이 나가니까요. 긁은 날에 쓸지, 돈이 나가는 날에 쓸지 참 헷갈립니다.

정답은 없지만 저는 신용카드를 긁은 날에 기록하는 방법을 선택했습니다. 두 가지 이유에서입니다. 첫째로는 돈을 쓰는 감각을 느끼기 위해서이고, 둘째로는 어디에 돈을 썼는지 지출 항목을 파악하기 위해서입니다. 결제대금이 빠져나가는 날에 수십~수백만 원을 한번에 기록한다면 쓰는 감각에 무뎌질 수 있고, 그래서 그 큰돈을 어디에 소비했는지 파악하기도 어렵잖아요. 어디에 돈을 많이 쓰는지를 파악하고 불필요한 지출을 줄이겠다는 가계부 작성의 목적을 생각했을 때 긁은 날에 기록하는 것이 더 적합하다고 생각했어요.

비슷한 이유로 카페 카드를 충전하거나, 외국 여행 중 결제를 위해 원화를 충전해둘 때도 돈이 나가기 전 충전한 시점을 기준으로 가계부를 썼습니다.

투자 금액 기록하기

실시간으로 가격이 바뀌는 투자 자산은 손익이 발생할 때 기록하는 게 좋습니다. 10만 원짜리 주식을 10주 사서 보유하고 있다고 가정해볼까요? 오늘 이 주식의 가격이 5% 올라서 5만 원의 이익을 봤다고 해도 내일이면 주가가 바뀔뿐더러 아직 실현된 수익도 아니죠. 그렇기 때문에 주식 100만 원어치를 5만 원의 이익을 보고 팔아서 그 금액이 내 통장에 들어왔다면 그때 기록하면 됩니다. 반대로 슬프게도 손실을 봤다면 내가 투자한 금액 대비 잃은 금액을 투자 손실, 즉 지출로 잡을 수 있을 겁니다.

직접 가계부를 써야 하는 이유

이쯤 되면 이런 의문이 들 법도 합니다. 은행이나 카드 앱과 연동해두면 지출을 '알아서 잘 딱' 분류해주는 앱도 있는데 굳이 따로 가계부를 쓸 필요가 있나…? 사실 저도 처음엔 비슷한 생각을 했습니다. 가계부를 쓰기 전에도 자산 관리 앱은 깔려 있었거든요. 하지만 신경 쓰지 않아도 알아서 기록이 된다는 걸 아니까 자주 보지 않게 되더라고요. 가끔 '요즘 편의점을 너무 자주 가시네요' 하고 앱이 저를 꾸짖을(?) 때면 '네가 뭘 알아! 내가 요즘 얼마나 힘든데! 과자라도 사 먹어야지!' 하고 분노만 느꼈고요.

비슷한 이유로 가계부 앱을 선택했다면, 자동 불러오기 기능을 쓰기보단 일일이 입력해보는 게 좋겠습니다. 돈을 쓸 때마다 기록하면 '돈 쓰는 느낌'도 생생하게 느낄 수 있습니다. 이는 곧 '쓸데없는 돈 쓰지 말아야지'라고 소소하게나마 되새기는 계기가 되기도 하고요. 자동으로 정보를 끌어오는 경우엔 엉뚱하게 수입·지출이 잡히는 경우도 있습니다.

다만 주기적으로 은행 앱 등을 보면서 빠진 건 없나 살펴보면 좋겠습니다. 저는 처음엔 주말마다 점검했는데, 3주 차쯤 되니 빼먹는 경우가 줄더라고요. 초반에는 당연히 누락되는 항목이 나오고 숫자가 안 맞을 수도 있어요. 하지만 단돈 1~2만 원 차이로 자괴감을 느낄 필요는 없어요(물론 땅 판다고 그 돈이 나오는 건 아니지만요…). 큼지막한 지출의 경로를 늘 자각하도록 도와주는 게 가계부니까요. 제가 참고한

책들도 가계부를 잘 쓰는 사람은 '끝까지 쓰는 사람'이라고 하더라고요.

가계부를 쓰면 보이는 것들

가계부를 쓰다 보면 내가 몰랐던 나를 발견하게 됩니다. 제가 가계부를 쓰면서 초반에 가장 많이 했던 생각도 '어라?'였습니다. 가계부를 쓰기 전에 제가 인지하던 제 소비 행태는 이랬습니다. 월급의 60~70%를 지출하는 편, 전체 지출의 절반은 식비, 나머지 절반의 절반은 월세·공과금·통신비, 남은 4분의 1로 책도 사고 택시도 타고 이것저것 하나 보다… 그저 막연하게 생각했죠.

그런데 결산을 해보니 예상과 좀 다르더라고요. 일단 저는 월급의 절반을 저축하는 사람이었습니다(우아!). 우려했던 식비는 전체의 30% 정도밖에 안 됐고요. 월세·공과금·통신비가 전체 소비의 25% 정도인 건 예상대로였는데, 생각지도 못하게 경조사비·후원금이나 회비·친구 선물 등에 쓰는 지출이 17%나 되더라고요. 친구나 동료들에게 힘내라는 의미로 소소한 기프티콘을 보내곤 하는데… 몇 천 원짜리도 쌓이니 꽤 크더라고요.

티끌 모아 태산이라는 말은 저축이 아니라 지출에도 적용된다는 깨달음을 가계부를 들여다보며 얻었습니다. 가계부는 "생각보다 많이 쓰네" 하며 반성하기 위한 게 아니라 "생각보다 '여기'에 많이 쓰네"를 깨닫는 과정이었어요.

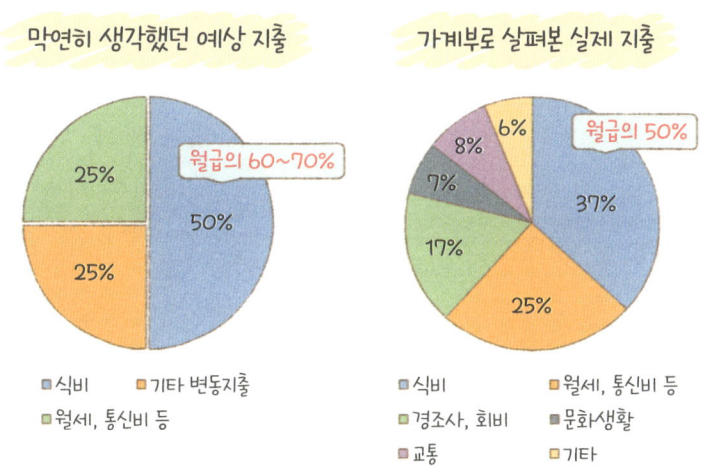

여기서 눈치채신 분이 있을지도 모르겠습니다. 가계부는 끝날 때까진 끝난 게 아니라는 사실을요. 가계부를 쓰는 것만큼이나 중요한 것이 가계부를 '리뷰' 하는 과정이에요. 목표했던 예산에 맞춰 지출된 건지, 혹시 생각했던 것보다 수입이 덜 들어오진 않았는지를 살펴봐야 합니다. 이 작업은 단순히 한 달을 넘어서 분기와 연 단위로 넓혀가야 합니다.

예를 들어 전체 지출은 잡아놨던 예산 안에 안착했지만 세부 내역을 살펴보면 그렇지 않은 경우도 있어요. 카페는 덜 갔는데 생각보다 배달을 많이 시켜먹었다거나 하는 경우죠.

또 지출 시점이 예상과 달라지기도 했어요. 저는 2024년에 본격적으로 가계부를 쓰면서 4~5월과 9~10월에 경조사비 지출이 많을 거라고 예상했는데, 의외로 6월과 12월에 경조사비 지출이 가장 많았더라고요. 이 때문에 리뷰 작업 역시 매달 잊지 말고 해야 합니다. 조금 귀찮더라도 리뷰 과정을 거쳐야만 예산 설정도 더욱 정밀해지고, 가계부를 써서 돈을 잘 관리하겠다는 본래의 목적을 달성할 수 있게 되겠죠?

신용카드는 나에게
득이 될까 독이 될까

저는 금융 분야를 취재하면서 처음으로 신용카드를 만들었습니다. 7년 차 직장인이었지만 신용카드가 왜 있어야 하는지 필요성을 느끼지 못했을뿐더러 '분명히 나는 생각 없이 카드를 긁고 다니다 거덜 날 것이므로 위험하다'는 막연한 두려움까지 있었기 때문입니다.

신용카드를 쓰는 내가 제어가 안 돼 걱정인 사람이 있다면, 저처럼 '남들 다 있다는데 나도 필요한가?' 싶어 어리둥절한 분들도 있을 거예요. 신용카드가 당연히 필수는 아니겠지만 혹시나 고민하는 분들이라면, 인생 첫 신용카드 어떻게 골라야 하는지, 혜택은 무엇이 있는지, 과소비하지 않기 위해선 뭘 해야 할지 알아볼게요.

신용카드, 꼭 있어야 할까

사람들이 신용카드를 만드는 이유는 뭘까요? 계좌에 있는 돈만큼만 빠져나가는 체크카드와 달리 신용카드는 나의 신용을 담보로 돈을 당겨쓰는 수단입니다. 본질적으로는 한 달짜리 대출이죠. (그래서 나라에서 국민들의 빚(가계부채)이 얼마나 있는지를 가늠할 때는 신용카드로 결제된 가계 매출도 포함합니다. 단기대출이니까요.) 그러니 당연히 내 수중에는 없는 큰돈을 써야 할 때 필요하겠죠.

혹시 신용카드 없이 사는 30대가 저뿐일까 싶어서 주변에 물어봤더니, 결혼을 하면서 처음 신용카드를 만들었다는 친구가 있더라고요. 결혼은 큰돈이 필요한 대표적인 인생 이벤트죠. 물론 큰돈이 필요한 때가 아니라도 신용카드를 씁니다. 카드사에서 할인이나 적립 같은 혜택을 제공하니까요. 혜택에 대해선 뒤에서 자세히 알아볼게요.

내게 '찰떡'인 신용카드는 어떻게 찾을까

그럼 어떤 신용카드를 만들어야 할까요. 제가 처음 엿본 신용카드 세상은 그야말로 다종다양한 카드들로 넘쳐났어요. 이것도 좋아 보이고, 저것도 좋아 보입니다. 디자인이 내 마음에 쏙 드는 카드를 보면 혜택이 없어도 하나쯤 만들고 싶기도 하고요.

여기서 잠깐! 나에게 가장 잘 맞는 신용카드를 찾기 위해선 우선 본인의 소비 패턴부터 파악해야 합니다. 돈을 어디에 어떻게 쓰는지 알아야 잘 맞는 카드를 찾을 수 있어요.

기본적으로는 식비, 통신비, 쇼핑 등의 소비처를 알아야 합니다. 내가 돈을 많이 쓰는 분야에서 혜택을 많이 주는 카드를 찾기 위해서입니다. 직접 신용카드를 만들고 느낀 점은 '돈이 어디로 빠져나가는가' 하는 경로까지 고려해야 한다는 사실이었어요. 한 달 식비가 비슷한 수준인 두 사람이 있다고 가정해볼게요.

김 아무개는 친구들을 만나서 식당에서 결제하는 경우가 많고, 박 아무개는 배달음식을 자주 먹습니다. 그렇다면 지출 분류와 수준은 비슷하지만 두 사람에게 '찰떡'인 카드는 다를 거예요. 식비 가운데서도 밥보다 카페에 돈을 더 많이 쓰는 사람이라면 카페 결제에 혜택을 잘 주는 카드를 중심으로 찾아봐야겠죠. 가계부를 쓰고 있다면 이 작업은 아주 수월할 거예요.

내 소비를 파악한 뒤에는 카드 비교 사이트를 참고하면 좋습니다. 소비 내역을 입력하면 이를 바탕으로 혜택을 많이 받을 수 있는 신용카드를 추천해줍니다. 대표적으로 카드 플랫폼 '카드고릴라'가 있고, 가계부로 많이 쓰는 '뱅크샐러드'에서도 비슷한 서비스를 제공해요. 추천해주는 여러 상품 중 연회비와 실적 조건 등을 살펴보면 선택에 도움이 됩니다.

신용카드 혜택의 종류와 특징

그런데 신용카드 초보 입장에선 카드 비교 사이트가 알려주는 혜택도 한번에 이해하기가 어렵더라고요. 종류는 왜 이리 많고, 희미하게 작은 글씨로 적힌 조건은 또 왜 그리 까다로운지…. 저 같은 분들을 위해서 혜택 종류와 특징도 간단하게 정리해볼게요.

신용카드의 혜택은 크게 할인과 적립으로 나뉩니다. 할인은 말 그대로 결제하는 시점이나 카드대금을 내는 시점에 일정 금액을 깎아주는 겁니다. 결제할 때 바로 할인이 되는 걸 현장할인이라고 하고, 결제할 때 카드값에는 원래 금액이 찍히지만 실제로 카드값이 빠져나갈 때는 할인 폭을 적용하는 걸 청구할인이라고 합니다.

할인의 특징은 혜택을 느끼기가 쉽다는 거예요. 분명 12,000원짜리 영화 표를 샀는데 그보다 적은 돈이 결제된다면 '신용카드 만들기 잘했다!' 하는 생각이 절로 들 거예요. 다만 내 카드로 어디서 얼마나 할인 받을 수 있는지를 꼼꼼하게 익히고 있어야 혜택을 야무지게 챙길 수 있습니다.

반면 적립 혜택을 제공하는 신용카드도 있습니다. 적립형 카드는 할인형과 비교하면 혜택을 체감하기는 쉽지 않지만, 결제할 때마다 자동으로 적립이 되니 평소에 소비자가 혜택을 챙겨야 하는 부담은 조금 덜할 수 있습니다. 적립형은 신용카드를 쓰면서 쌓인 적립금을 제때 잘 이용해야 하는 게 관건입니다. 포인트나 마일리지를 사용하기 위해서 별도의 절차를 밟아야 하는 게 다소 귀찮을 수도 있어요.

신용카드 포인트의 유효기간은 일반적으로 5년입니다.

꽤 길다고 생각할 수도 있지만 매년 1,000억 원이 넘는 포인트가 단순히 '안 써서' 사라진다고 해요. 여신금융협회 사이트에서 여러 카드(체크카드 포함)에 흩어져 있는 포인트를 조회할 수 있으니 참고해서 아깝게 혜택을 날리는 일이 없도록 해야겠습니다.

여러 장의 신용카드를 쓰다 보면 실적 기준이나 혜택이 헷갈리기 십상입니다. 이런 사람들을 위해 실적과 혜택을 정리해서 보여주는 앱도 있어요. 대표적으로 '더쎈카드'라는 앱에서는 내가 카드별로 혜택을 얼마나 챙겼는지, 포인트는 얼마나 쌓였는지 등을 쉽게 확인할 수 있어요. 월말이 다가올 때는 실적을 채우지 못한 카드가 뭔지 보여주기 때문에 막판 스퍼트를 낼 수도 있겠죠. 제 지인은 이 앱을 쓰고 있는데 "혜택을 잘 챙기면 한 달에 10만 원은 아낄 수 있다. 카드마다 사용처를 어느 정도 구분해두면 기억하기 편하다"고 하더라고요.

단순히 생각하면 혜택이 많으면 많을수록 좋을 것 같습니다. 하지만 세상에 공짜는 없는 법. 혜택이 많을수록 연회비가 비쌀 가능성이 크니 살펴봐야 합니다. 또 전월 실적을 채워야만 혜택을 받을 수 있는 경우가 많기 때문에 본인이 신용카드로 그만큼 소비를 할 수 있을지 따져봐야겠죠. (유명인들이 쓴다는 일명 '블랙카드'는 연회비가 수백만 원, 연간 실적 조건은 수억 원에 달한다고 합니다.) 무턱대고 '가장 좋은 것'만 고르다간 아까운 연회비만 내고 정작 큰 혜택을 보지 못할 수도 있어요. 실적을 맞추기 위해 필요하지 않은 소비를 할 수도 있고요.

저는 처음 신용카드를 만들었기 때문에 (비록 혜택은 크지 않지만) 연회비 1만 원, 전월실적 조건이 없는 카드를 골랐습니다. 만약 혜택만 보고 실적 조건이 높은 신용카드를 만들면 '실적 채워야 하니까'라는 생각으로 과소비를 합리화할 수도 있겠더라고요.

과소비가 두렵다면 '선결제'를 활용하자

난생처음 신용카드를 쓰면서 저는 무서움을 느꼈습니다. 처음엔 단돈 몇 천 원짜리 커피도 머뭇거리면서 결제했는데 나중엔 10만 원 가까운 금액도 고민 없이 신용카드를 내밀게 되더라고요. 소비가 쉬워진 거죠.

다만 전체 지출 규모는 신용카드를 쓰지 않을 때와 큰 변화가 없었습니다. 신용카드 사용에 소심한 편인 것도 맞지만 '선결제'를 이용했기 때문이에요. 카드대금이 빠져나가는 날보다 먼저 카드값을 갚아버리는 겁니다. 일단 통장에서 돈이 빠져나갔으니 경각심을 느끼는 동시에 현실적으로 쓸 수 있는 돈이 줄어들어 과소비를 막을 수 있습니다. 또 처음에는 삼성페이에 신용카드를 등록해놨는데 사용이 간편해진 만큼 돈도 많이 쓰는 것 같아 두어달 후에 삼성페이 등록은 삭제하고 실물카드만 쓰고 있어요.

신용카드를 처음 쓰기 시작하는 분이라면 이용한도의 50% 이내로만 쓰는 습관을 들이길 권합니다. 카드회사에서 '이만큼 써도 된다'고 내어준 금액인데 초과만 안 하면 되는 것 아니냐고 생각할 수도 있습니다. 하지만 이용한도만큼이나 한도 소진율^{한도 중에서 얼마나 썼는지를 나타내는 비율}이 중요하기 때문에 한도에 간당간당한 생활을 이어간다면 연체 위험이 있다고 판단해 이용한도가 줄어들 수 있다고 해요. 같은 이치로 한도를 지나치게 낮게 설정하는 것도 추천하지는 않습니다. 한도가 너무 낮으면 한도 대비 소진율이 높아지기 때문입니다.

신용카드를 꾸준히 안정적으로 사용하면 신용점수에 도움이 된다고 알려져 있습니다. 저의 경우 신용카드를 만들기 전후에 코리아크레딧뷰로^{KCB}와 나이스^{NICE}평가정보에서 신용점수를 조회해보니 생각보다 점수가 높지 않더라고요. 경제생활을 한 기간에 비해 신용카드를 쓴 기간이 짧은 게 원인 중 하나였습니다. 물론 카드 이용내역 외에 소득 수준이나 대출, 보증 등을 종합적으로 평가한 결과지만 신용카드를 적당한 범위 안에서 꾸준히 써야겠단 생각이 들었습니다.

다만 신용카드로 신용점수가 내려갈 위험도 만만찮게 크다는 점을 반드시 기억하면 좋겠습니다. 한 신용평가기관에 문의해보니 (조금 당연하지만) "습관적으로 과다하게 할부서비스를 이용하거나 현금서비스를 이용하면 부정적인 영향을 미친다"고 설명하더라고요.

신용카드의 함정,
할부·연체·리볼빙

제 명의로 신용카드를 발급받은 건 입사 직후였습니다. 직장인이 된다는 건 곧 저에게도 신용이 생겼다는 의미였는데요. 경제생활에서 자주 쓰이는 신용은 돈을 빌린 뒤 약속한 기한 내에 갚을 수 있는 능력을 말합니다. 물론 그전에도 '엄카'로 신용카드를 써본 적 있지만 상환은 엄마가 해주시고 저는 소비만 했으니 신용카드를 제대로 썼다고 하기는 어려웠죠.

월급이 들어오자마자 신나서 다 써버려도 신용카드가 있으니 든든했습니다. 어차피 곧 다음달 월급이 들어올 텐데, 먹고 싶고 사고 싶은 거 참기보다는 얼마쯤 당겨쓰는 게 오히려 합리적이라는 생각도 들었어요. 한번 '선 사용 후 결제'가 시작되자 그때부터는 어쩔 수 없이 모든 소비를 신용카드로 하게 됐습니다. 카드값이 리셋되는 매달 1일만 기다리게 됐죠.

신용카드의 늪에 빠지는 이유

여기까지만 했어도 다행일 텐데요. 이후 저는 돌이킬 수 없는 강을 건너게 됩니다. 바로 신용카드의 꽃인 '할부'를 마구 사용하기 시작한 거예요. 처음에는 핸드폰, 태블릿 PC 등 100만 원이 넘는 고액의 물건을 살 때 이용했습니다. 분명히 제값 주고 사는 건데도 할부를 '때리면' 매달 내는 돈이 줄어드니 마치 싸게 사는 것 같은 착각이 들었어요.

무이자까지 되면 그 착각은 더 심해졌죠. 카드마다 다르지만, 무이자 할부는 대부분 할인·적립 서비스를 받을 수 없어요. 무이자 할부를 사용하면 카드를 사용하는 이유 중 하나를 놓치는 셈이지만, 그때는 생각하지 못했어요.

당시 저는 모든 결제를 할부로 계산하는 버릇이 있었습니다. '100만 원짜리를 10개월 할부하면 한 달에 10만 원, 그 정도면 충분히 감당할 수 있지!'라는 게 제 생각이었어요. 이런 생각이 한 달에 10번 모여 결국 매달 100만 원을 갚아야 하는 상황이 됐는데도 이상한 걸 못 느꼈어요. 아무리 큰 금액이라도 10개월, 12개월, 24개월 할부를 할 수 있다고 생각하면 '살 만한' 가격으로 보였습니다.

급기야 친구들에게 한턱 낸다면서 당당히 "일시불로 해주세요" 하며 긁은 돈을 뒤에서는 앱에서 할부로 바꾸기도 했습니다. 이렇게 '무지성 소비'를 하다 보면 월급보다 카드값이 많이 나올 때도 있었어요. 그때는 분할납부(할부전환)를 이용했습니다. 내야 할 카드값이 150만 원인데 제가 가진 돈이 100만 원이라면, 일시불로 긁은 고액 소비 가운데 일부를 할부로 돌려 결제 금액을 100만 원에 맞추는 방법입니다. 물론 다음달과 다다음달의 내가 이번에 미룬 카드값을 내야 하는 거지만, 당장은 연체를 면할 수 있었죠.

무지성 소비에도 '이것'만은 지키자

무지성 소비를 일삼던 저였지만 나름의 원칙은 있었는데요. '연체'와 '리볼빙(일부결제금액 이월약정)'은 절대 하지 않는 것입니다. 카드값을 일정 기간 이상 연체하거나, 리볼빙을 자주 하면 신용점수 하락에 영향을 줍니다.

신용점수란 개인이 돈을 빌리고 약속한 대로 갚을 수 있는 능력을 평가한 점수예요. NICE, KCB 등의 신용평가 회사에서 개인의 금융 거래 내역을 토대로 이 능력을 평가하는데요. 점수는 0~1,000점 사이로 매겨지고, 숫자가 높을수록 신용도가 높습니다. 카드사 같은 금융사들도 신용평가회사의 신용점수를 참고로 사용해요. 신용점수가 너무 낮아지면 신용카드 발급이 안 되거나 은행에서 대출을 못 받게 될 수 있어요.

좀 더 구체적으로 알아보겠습니다. 신용카드 대금을 내기로 했던 날 갚지 못하면 어떻게 될까요? 갚지 못한 금액과 연체한 기간에 따라 결과가 달라져요. 1만 원 이상을 대금 결제일로부터 5영업일 지나서까지 내지 않으면 연체로 인정돼요. 그때부터 카드사가 '이 사람이 연체 중이다'라는 정보를 내부적으로 기록하게 되거든요. 타 금융사로 연체 정보가 공유되는 것은 아니지만 연체한 금융사에서는 불이익을 받을 수도 있습니다.

10만 원 이상의 금액을 5영업일 넘게 연체하면 문제가 됩니다. 은행·보험·저축은행 등 다른 금융사에도 연체 정보가 공유되거든요. 신용점수에 직접적인 영향을 받을 수도 있습니다.

연체 기준별 신용점수 영향

1만 원 이상 + 5영업일 이상 연체	해당 금융사 내 연체정보 생성
10만 원 이상 + 5영업일 이상 연체	다른 금융기관으로 연체정보 공유 신용점수에 영향 가능성

하루라도 카드값을 연체하면 이자를 물게 되니, 소액이거나 단기간이라도 연체는 하지 않는 게 좋습니다. 하지만 피치 못하게 연체하게 됐다면, 10만 원 이상을 5영업일 넘게 연체하는 경우는 없도록 신경 써야 한다는 점을 꼭 기억하세요. 카드사마다 다르지만 연체 기간이 한 달 이상 길어

지면 상황에 따라 채권추심회사에서 돈을 갚으라는 문자를 보내거나 전화를 할 수 있고, 장기간 연락이 안 되면 집으로 방문하기도 합니다.

대출에서도 불이익을 받을 수 있습니다. 평점이 좋은 사람보다 높은 금리를 적용받아 더 많은 이자를 내거나 대출한도가 줄어들 수 있습니다. 대출이 안 되기도 하죠. 추심 강도도 높아져 급여가 압류되고 재산 조사를 받을 수도 있어요.

연체만큼 무서운 게 또 있습니다. 리볼빙인데요. 리볼빙은 신용카드 결제금액 중 일부(최소 10%)만 먼저 내고 나머지는 나중에 갚을 수 있는 서비스입니다. 리볼빙을 신청하면 매월 결제 금액 중 얼마나 먼저 낼 건지를 정하는 '약정결제비율'을 설정할 수 있는데요. 약정결제비율을 20%로 설정할 경우 카드값의 20%를 이번달에 내고 80%는 다음달로 넘길 수 있습니다.

분할납부는 일시불로 긁은 결제를 할부로 전환하는 거고, 리볼빙은 카드대금 중 몇 퍼센트를 나중에 내는 거니 '이번 달에는 소비금액의 일부만 갚는다'는 의미에서 언뜻 비슷하게 보일 수도 있어요. 하지만 분할납부는 무이자 할부 혜택을 적용받을 수 없다는 정도의 단점이 있는 반면, 리볼빙은 훨씬 위험합니다. 수수료가 높아 빚 부담이 커질 수 있거든요.

리볼빙 수수료가 어느 정도로 높을까요? 2025년 3월 기준 각 카드사의 리볼빙 평균 수수료는 연 15.17~18.98%였습니다. 신용점수가 낮을 경우 최대 연 19.90%까지 적용하는 곳도 있었습니다. 이는 법정 최고금리(연이율 20%) 수준이죠.

분할납부와 리볼빙의 차이

분할납부 (할부전환)	일시불 결제를 할부 결제로 변경하여 몇 개월에 걸쳐 나눠 갚는 서비스
리볼빙 (일부결제금액 이월약정)	신용카드 결제금액 중 일부(최소 10%)만 먼저 결제하고 나머지는 나중에 갚을 수 있는 서비스 법정 최고금리(연이율 20%) 수준의 높은 이자 주의!

리볼빙은 일정 신용도 이상의 소비자만 이용할 수 있다는 점도 명심해야 합니다. 신용도가 하락하면 리볼빙 이용이 불가능해질 수 있다는 의미입니다. 그러면 원금과 수수

료 전체를 일시에 상환해야 합니다. 나중에 갚겠다고 미뤄두다가는 '폭탄'이 될 수 있는 거죠. 어쩔 수 없이 리볼빙을 이용하게 된다면 폭탄을 맞지 않도록 자신의 신용점수를 수시로 확인해야 합니다.

이런 설명만 보면 '리볼빙 서비스는 왜 있을까' 의문이 들 수도 있습니다. 만약 신용카드 대금을 연체할 위기에 처했다면 리볼빙도 대안이 될 수는 있어요. 카드사 직원은 "리볼빙은 카드사의 정식 서비스이기 때문에 리볼빙 서비스를 이용해 최소 결제할 금액을 정해놓는 것이 연체보다 신용점수 지키기에 유리한 편"이라고 설명했습니다. 단기간에 돈을 갚을 수 있다면 연체보다는 나은 방법이 될 수 있다는 것이죠. 다만 리볼빙의 이자 부담이 매우 크다는 점은 절대 잊지 마세요.

'탈 신카'에는 체크카드가 답

연체와 리볼빙이 얼마나 무서운지 머리로는 알고 있지만, 이렇게 생각없이 소비하다가는 저에게도 현실이 될 것 같았습니다. 그래서 저는 '탈 신카'를 하기로 결심했죠. 포인트 적립률이 높은 체크카드를 만들었습니다. 자주 사용하고 있는 네이버페이 포인트 적립률이 높은 '네이버페이 머니 하나 체크카드'를 발급했어요.

소비 계획도 세웠습니다. 생일 선물 같은 사교활동비나 문화생활비는 줄이지 않기로 했습니다. 대신 택시비, 각종 군것질 비용, 그리고 화장품 구매 비용을 줄이기로 다짐했습니다. 얼굴은 하나뿐이라는 점을 기억하면서요.

우선 모든 앱의 결제 수단을 신용카드에서 체크카드로 바꿨습니다. 네이버페이·카카오페이 등 각종 간편 결제부터 시작해 이커머스, 배달, 택시… 생각보다 많았습니다. 그렇게 한 달 정도 체크카드를 사용했습니다. 소비가 줄었습니다. 조삼모사 같지만 신용카드 이용 금액이 '플러스' 되는 것과 통장 잔액이 '마이너스' 되는 건 느낌이 다르더라고요. 신용카드는 한 달에 한 번만 돈이 빠져나가니 상대적으로 소비 체감이 덜 됐습니다. 체크카드를 쓰니 돈이 줄어드는 게 바로바로 보였죠.

실제로 많은 소비자들이 절약을 목적으로 체크카드를 사용합니다. 2024년 10월 신용카드 플랫폼 카드고릴라가 3,347명을 대상으로 체크카드를 쓰는 이유에 대해 설문 조사를 했는데요. '과소비가 우려돼서'(36.8%, 1,231표)를 꼽은 소비자가 가장 많았어요. 2위는 '연말정산 소득공제를 최대로 받기 위해서'(17.5%, 587표), 3위는 '계획적인 소비가 가능해서'(15.8%, 528표), 4위는 '연회비 부담이 없어서'(13.7%, 457표)였습니다.

소비 줄이기를 결심한 후 눈에 띄는 변화도 있었습니다. 택시비를 특히 많이 아꼈더라고요. 한 달에 택시를 일곱 번 타고 택시비로 15만 원 가까이 지출했는데요. 이후에는 택시를 세 번 탔고 26,000원 정도 썼습니다. 체크카드 사용 후에는 택시를 타더라도 요금을 따져보고 보고 타게 됐어요. 카카오 블랙, 블루는 피치 못할 경우에만 이용하기로 했습니다. 조금만 의식하고 부지런해지면 아낄 수 있었던 비용인 거죠.

또 신용카드를 쓸 때는 세일 상품이 보이면, 나중에 가격이 오르면 손해니까 당장 돈이 없어도 사서 쟁여두는 게 이득이라고 생각했습니다. 근데 체크카드를 써보니 진짜 필요한 물건인지를 먼저 생각하게 됐습니다. 가진 돈 안에서 생활해야 하니, (그리고 모은 돈이 없으니) 큰 소비는 어쩔 수 없이 못 하게 된 점도 작용했습니다.

사실은 정말 '체크카드만' 사용하려고 했는데, 그게 생각대로 되지 않았습니다. 그래서 신용카드도 조금씩 같이 썼습니다. 한번에 현금 생활로 돌아오기에는 이미 벌여놓은 할부가 너무 많았던 겁니다.

신용카드 자르기에 성공한 한 선배는 "소비를 모두 체크카드로 바꾸기 위해서는 '완충 기간'이 필요하다"고 조언했습니다. 남은 할부를 다 갚고, 자신의 소비를 체크하면서 줄여가는 시간이 있어야 한다는 거죠. 이 기간을 잘 넘기는 게 중요하겠습니다.

자꾸 신용카드를 쓰고 싶어진다면 아예 갖고 다니지 않는 것도 방법일 텐데요. 요즘엔 '페이 결제'가 쉽다 보니, 카드를 잘라도 핸드폰이 있는 이상 결심을 지키기가 어렵습니다. 저와 같이 신용카드를 쓰지 않기로 약속했던 한 지인은 "마음먹고 신용카드를 모두 잘랐는데, 정신을 차려보니 삼성페이로 결제하고 있더라"고 하더라고요. 지금은 너무도 쉽고 빠르게 결제할 수 있는 세상이에요.

절약을 위해 체크카드조차 사용하지 않고 현금만 이용하는 챌린지도 유행한 적 있는데요. 아무래도 결제 과정이

번거로워지면 소비에 대해 한 번 더 생각할 수 있기 때문이겠죠. 당장 신용카드를 자르기가 힘들다면 간편결제만 해지하더라도 불필요한 소비가 조금은 줄어들지 않을까요?

설계사 없이
불필요한 보험료 줄이는 법

고정 지출은 사람마다 다르고, 항목도 다양하지만 그중에서 가장 큰 비중을 차지하는 것이 보험료입니다. 집집마다 매달 내는 보험료가 평균 28만 원(1인 가구는 15만 원)이나 된다고 하니까요.

    그런데 보험료는 다른 고정 비용과는 다르게 단칼에 줄이기가 쉽지는 않습니다. 보험료를 줄여도 괜찮은 건지 불안하기도 하고요. 하지만 내가 적당한 수준의 보험료를 내고 있는지 점검해볼 필요는 분명 있습니다. 설계사 없이 불필요한 보험료를 줄이는 법에 대해 살펴보겠습니다.

보험이 보장해주는 건 금전적 위험뿐

우선 보험에 대해 흔히 갖고 있는 '환상'을 깨는 게 중요합니다. 보험에 가입했다고 암에 안 걸리는 것도, 걸린 암이 낫는 것도 아닙니다. 보험은 어디까지나 금융상품이에요. 뻔한 얘기일 수 있겠지만 보험이 보장해주는 건 금전적 위험뿐입니다. 암에 걸리면 치료비로 큰돈을 쓰게 되고, 일을 못 하니 생활비가 떨어지는 상황에 돈이 없어 곤란해지지 않도록 보험 회사와 맺는 계약이 보험이죠. 매달 보험사에 일정 금액을 내면 그 대가로 암에 걸릴 경우 미리 약속한 돈을 받거나 내가 쓴 치료비를 보험사가 내주는 겁니다.

그러니 보험은 이런 위험에 대비할 수 있을 정도만 들면 됩니다. 실제 암에 걸리면 내가 낸 것보다 많은 돈을 받게 되니 금전적으로는 분명 이득입니다. 보험사에 내는 돈을 보험료, 보험사에서 받는 돈을 보험금이라고 합니다. 보험금이 보험료보다 큰 건 보험이 '계'와 유사한 구조라서 그렇습니다.

가령 100명이 같은 보험사 암보험에 가입했다고 하면, 그중 평생 동안 암에 걸리는 사람은 30~40명쯤 될 겁니다.

국가암정보센터가 추산한 암 발생률이 그쯤 됩니다. 그럼 보험사는 100명이 낸 보험료를 암에 걸린 이 30~40명에게 몰아줍니다. 그러니 암에 안 걸리면 돌려받는 돈이 없거나 원금보다 적어 금전적으로는 손해를 봅니다.

그저 '암에 걸리면 치료비는 어쩌지?'라는 걱정을 덜어주는 것으로 보험은 그 효용을 다했다고 봐야겠죠. 보험의 본질은 저축 상품도, 투자 상품도 아닙니다. 우리가 보험으로 사는 건, 아플 때 돈 걱정은 안 해도 된다는 마음의 평화입니다.

이미 가입한 보험 체크하기

사람마다 필요한 보험의 종류나 보장 내용은 제각각일 수밖에 없어요. 가족력도 다르고, 병에 걸렸을 때 경제적으로 얼마나 곤란해질지도 다를 테니까요. 그래서 보험만큼은 다른 사람에게 맡기지 말고 내게 필요한 보장을 따져가며 필요한 만큼 가입하는 게 좋습니다.

그런데… 이미 얼레벌레 가입해버렸다고요? 엄마 친구

가 좋은 보험이라며 가입하라고 해서 잘 모르지만 믿고 가입했다고요? 괜찮습니다. 다행히 보험 계약은 중도 해지도 가능하고 수정도 가능하거든요.

일단 내가 보험을 잘 가입한 게 맞는지 확인하기 위해 알아야 할 보험 계약의 기본 구조부터 알려드릴게요. 보험 계약은 주계약과 특약으로 구성돼요. 주계약은 그 보험의 핵심 보장입니다. 주계약에 따라 보험의 종류가 달라지죠. 사망으로 인한 경제적 충격을 보장하는 사망보험금 지급이 주계약이면 사망보험이고, 뇌출혈이나 심장병 등 심각한 질병의 진단비를 보장하면 질병보험인 식이에요.

특약은 여기에 추가로 더하는 보장입니다. 비유를 하자면, 주계약이 커피고 특약은 토핑인 셈이죠. 커피에 휘핑크림이나 시럽 같은 토핑을 더하거나 뺄 수는 있지만, 커피 없이 휘핑크림 같은 토핑만 먹을 순 없잖아요. 보험 계약도 마찬가지입니다. 주계약은 뺄 수 없지만, 개별 특약은 언제든 해지할 수 있어요. 내 입맛대로 넣고 뺄 수 있는 거죠.

주계약이 같더라도 어떤 특약을 추가하는지에 따라 보장 내용과 범위, 보험료는 크게 달라집니다. 제가 가입한 보험을 예로 들어보겠습니다. 저희 부모님은 2009년에 저 대신 종신보험을 들어주셨는데요. 이 보험의 주계약은 사망보장입니다. 평생, 생애 전체를 의미하는 '종신終身'이라는 말처럼 제가 사망할 경우 어머니에게 사망보험금이 지급되는 구조죠. 그런데 특약을 보면 80세까지 암, 뇌출혈 등 여러 중대 질병에 대한 보장과 실손보험이 포함되어 있습니다. 커피에 토핑을 잔뜩 넣은 캐러멜 마키아토 같은 보험인 셈이죠.

이 경우 주계약보다는 특약이 더 중요한 경우라 특별히 해지할 특약이 없기는 합니다만, 보험료를 줄이고 싶다면 내게 불필요한 특약을 해지하면 됩니다. 특약을 해지하지 않고 보장 금액을 낮춰 보험료를 낮추는 것도 가능하고요. 이를 '감액제도'라고 해요. 내가 보험을 잘 가입했는지 궁금하다면 주계약과 특약의 내용을 살펴보면서 내게 필요한 것 이상의 특약이 포함되어 있지는 않은지 살펴보고 보장 금액도 적절한지 살펴보시면 됩니다.

내 보험 계약에 대한 구체적인 내용은 계약할 때 받은 보험증권을 보면 확인할 수 있습니다. 어디에 보관했는지 기억이 나지 않는다면, 보험사 모바일 앱이나 사이트에서 재발급 받을 수 있어요. 혹시 어느 보험사에서 어떤 보험을 들었는지조차 모르겠다면 '내보험찾아줌' 사이트나 '한국신용정보원' 사이트에서 가입 내역을 확인할 수 있습니다.

한국신용정보원에서 보험신용정보조회서를 발급받으면 항목별 보장 정도를 또래 평균과 비교해볼 수도 있습니다. 내가 내는 보험료가 비싼지 알고 싶다면 '보험다모아' 사이트에서 여러 보험사 상품 보험료를 비교해보는 것도 도움이 될 수 있습니다.

보장성 보험과 저축성 보험은 어떻게 다를까

이쯤 되면 고개를 갸웃 하신 분도 계실 거예요. 설계사를 만나 얘기를 듣다 보면 '이 보험은 예금보다 금리가 높아 이득'이라거나 '만기가 되면 낸 돈보다 많이 돌려준다'는 보험이 있다고 하니까요. 앞서 우리가 살펴본 보험에 대한 내용은 주로 보장성 보험에 관한 내용이에요. 우리가 흔히 아는 암보험이나 사망보험, 상해보험, 화재보험, 실손보험이 보장성 보험이죠. 병에 걸리거나, 사고로 다치거나 죽게 되면 필요한 치료비나 생활비를 주는 상품입니다.

반면 뉴스 기사나 설계사를 통해 들어봤을 법한 '금리 높은 보험'은 저축성 보험 얘기예요. 저축이 주 목적이고, 여기에 곁다리로 보장성 기능을 더한 상품이죠. 그런 만큼 만기가 되면 그동안 낸 보험료보다 많은 돈을 돌려받는 게 일반적입니다. 보험사가 보험료를 여기저기 투자해 수익을 낸 뒤 만기 때 가입자에게 돌려주는 거죠. 계약 기간에는 무슨 일이 생기면 계약에 따라 보험금을 지급하기도 하고요. 보험사고(보험금 지급 사유)가 발생하지 않으면 만기 때도 낸 돈을 거의 못 돌려받는 보장성 보험과는 차이가 있죠.

낸 돈을 돌려받고 싶다는 사람들이 많기 때문인지, 보험사에서는 보장성 보험에 저축성 보험의 특성을 더해 만기에 낸 보험료의 일부나 전부를 돌려주는 '만기환급형' 상품도 내놨습니다. 저축과 보장, 둘 중 어디에 더 힘을 줬는지에 따라 종류가 나뉜다고 생각하시면 돼요.

이런 설명만 보면 두 마리 토끼를 다 잡을 수 있는 만기환급형 보장성 보험이나 저축성 보험이 왠지 좋아 보입니다. 보험으로 보장도 받고 돈도 돌려받으니까요. 그런데 정말 그럴까요? 꼭 그렇지는 않습니다. 우선 만기에 보험료를 돌려받는 상품의 경우 당장 매달 훨씬 많은 보험료를 내야 합니다. 보험사고 발생 시 보장 금액도 확연히 적은 편이고요.

예를 들어보겠습니다. 삼성생명의 저축성 보험인 '삼성인터넷저축보험'에 보험기간(만기) 10년, 납입기간 10년 조건으로 가입할 경우, 만 40세 남자 기준 매달 보험료로 30만 원을 내면 사망 시 최대 3,750만 원을 받습니다. 반면, 보장성 보험인 '삼성인터넷정기보험'을 같은 조건으로 가입하면 사망보험금은 3억 원인데, 월 보험료는 33,000원에 불과합니다. 보장은 10배, 보험료는 10분의 1 수준입니다. 참고로 정기보험은 기간을 정해놓고, 그 기간 안에 사망하면 보험금을 받는 사망보험입니다.

만기 후에 원금과 함께 돌려받는 수익금 역시 다른 금융기관의 저축·투자 상품과 비교하면 경쟁력이 있다고 보기 어려운 경우가 많습니다. 저축성 보험이나 만기환급형 보험의 경우, 보험사는 가입자에게 받은 보험료 일부만 운용해 수익을 내거나 금리를 적용합니다. 받은 보험료 전체에 금리나 수익률이 적용되는 게 아니라는 얘기죠.

이유는 간단합니다. 보험사고가 발생해 가입자에게 보험금을 내어줘야 할 때를 대비해 미리 그 돈을 빼두는 겁니다. 이를 '사업비'라고 하는데요. 상품마다, 보험사마다 다르지만 많게는 보험료의 30%까지도 사업비로 빠집니다. 이 돈에 대해서는 어떤 수익도 돌려받지 못하는 거예요. 저축성 보험과 적금 금리가 똑같다면 차라리 적금이 나은 셈이죠. 적금은 납입하는 금액 전부에 대해 금리가 적용되니까요.

보험 가입과 해지는 신중하게

보험은 본연의 목적에 맞게 만약의 경우를 대비하기 위해 사용하는 게 좋습니다. 꼭 필요한 보장은 순수보장형 보험으로 챙기고, 아낀 보험료를 다른 데 저축하거나 투자하는 식으로 위험 대비와 저축·투자를 분리해 각각 그에 적합한 상품에 가입하는 거죠. 그 둘을 합치지 말고요.

다만 무조건 돈을 아끼는 게 능사는 아닐 수 있어요. 요즘 보험사들이 앞다퉈 판매하는 무해지 혹은 저해지 보험 가입은 특히 신중해야 합니다. 무해지 혹은 저해지 보험은 보험 계약 만기 전에 보험을 중도해지하는 경우 중도해지금을 한 푼도 안 주거나(무해지) 적게 주는(저해지) 상품을 말합니다. 그 대신 일반적인 보장성 보험에 비해 매달 내는 보험료가 30% 이상 싸다는 게 장점이죠.

일반적인 보장성 보험의 경우, 만기 전 중도해지하면 그간 낸 보험료보다는 적지만 일부를 돌려줍니다. 계약이 끝난 후 만기환급금은 없어도 그 전에 계약을 끝내면 일부는 돌려준다는 얘기입니다. 하지만 무해지·저해지 보험은 이렇게 중간에 계약을 끝낼 때도 낸 보험료를 거의 못 돌려받습니다. 중간에 다른 보험으로 갈아타려 한다면, 그간 낸 보험료는 포기해야 하는 셈이죠.

자잘한 고정비 줄이는 법
: 통신비

매달 꼬박꼬박 통장에서 나가는 돈 중에서 가장 간편하게 아낄 수 있는 지출 중 하나가 바로 통신요금입니다. 알뜰폰 요금제로 갈아타는 방법을 통해서 말이죠. 실제 저희 신문사에서 SKT, KT, LGU＋ 등 통신 3사를 담당하는 후배 기자에게 물어보니, 통신사 직원들조차 통신 요금 아끼려면 "자급제 폰을 사서 알뜰폰 요금제를 사용하라"고 한다네요. 그러니 만약 10만 원 이상의 고가 요금제를 별 생각 없이 사용하고 계셨다면 알뜰폰 요금제로 갈아타는 걸 고려해볼만 합니다.

얼마나 싸길래 그러느냐고요? 알뜰폰 요금제 중에는 월 요금이 1만 원이 넘지 않는 것들도 많습니다. 물론 데이터 제공량이나 음성 통화 시간 등 조건에 따라 다르지만, 월 5기가바이트 이상에 음성통화 100분 등 현실적인 조건을 적용했을 때도 가장 저렴한 요금제는 월 5,000원 수준이니까요. 통신 3사에서는 비슷한 조건의 요금제를 2만 원 후반~3만 원 수준에 제공하는 점과 비교하면 차이가 큰 걸 알 수 있죠.

알뜰폰 요금제는 왜 저렴할까

알뜰폰 요금제가 뭐길래 이렇게 싼 걸까요? 통신 서비스를 제공하려면 통신망이 필수입니다. 하지만 알뜰폰 사업자는 SKT, KT, LGU+ 등 통신 3사와 달리 자체 통신망을 갖고 있지 않습니다. 대신 통신 3사가 깔아놓은 통신망을 빌려 쓰죠. 그 덕에 망을 유지하고 보수하는 데 비용이 들지 않으니, 고객들에겐 일반 통신사보다 훨씬 저렴한 가격에 통신 서비스를 제공할 수 있는 겁니다.

또한 3사가 독과점하고 있던 기존 통신 시장과 달리 알뜰폰 통신 시장은 완전히 경쟁 시장에 가까워요. 80여 개 업체가 영업 중이니까요. 그러다 보니 서로 고객을 끌어오기 위해 저가 요금제를 앞세워 경쟁합니다. 알뜰폰 요금제가 저렴할 수밖에 없는 이유죠.

저렴한 알뜰폰, 단점은 없을까

기존 통신 3사 요금제 대비 서비스 품질이 떨어지거나 불편한 점은 없을까요? 일단 저는 SKT의 알뜰폰 자회사 세븐모바일 요금제를 쓰고 있는데요. 사용하면서 크게 불편한 점을 느끼지 못했습니다. 알뜰폰 사업자들도 기존 통신사가 깔아 놓은 통신망을 똑같이 사용하는 것이기 때문에 통화 품질이나 데이터 속도와 같은 통신 서비스 품질에는 차이가 없다고 설명합니다.

테더링 스마트폰의 모바일 데이터를 다른 기기와 공유하여 인터넷을 이용하는 기술이나 데이터 쉐어링 한 통신사의 요금제(대표 회선) 데이터를 여러 기기에서 공유해 사용할 수 있는 서비스도 가능해요. 나의 전체 데이터량보다 한도가 낮게 설정되어 있을 수는 있지만요. 이 때문에 평소 외근을 자주 하거나, 핫스팟을 사용하는 일이 많다면 알뜰폰 요금제만으로 데이터가 부족하다고 느낄 수도 있습니다. 스마트 워치나 태블릿 PC 등 핸드폰을 제외한 모바일 기기 전용 요금제를 제공하는 알뜰폰 사업자가 많지 않은 것도 불편한 부분일 수 있겠습니다.

또한 통신사와 비교하면 알뜰폰 사업자들은 규모가 작아, 고객 지원 서비스가 다소 열악한 경우가 많습니다. 핸드폰을 잃어버리거나 해외 로밍을 신청해야 할 때, 요금제를 해지하려 할 때 통신 3사 대비 불편을 겪을 수 있어요. 다만 정부도 최근 이런 문제점을 인식하고 알뜰폰 이용자 보호 지침을 개정했어요. 알뜰폰 사업자들의 서비스 경쟁력을 강화하는 차원에서 사업자마다 제각각이던 해지 절차를 고객에게 구체적으로 제시하도록 한 거죠.

더불어 모든 알뜰폰 이동통신사에서 분실 신고나 사용량 조회 등이 가능하도록 지원하기로 했습니다. 앞으로 서비스가 점차 개선될 거라 기대할 수 있는 대목이죠. 또 한 가지, 알뜰폰은 실시간 위치 추적이 어렵다고 알고 계시는 분들이 많은데요. 2023년 통신수사 자료 송수신 시스템 개

발을 완료해 알뜰폰 이용자도 실시간 위치 추적이 가능해졌습니다.

나에게 맞는 알뜰폰 요금제 찾는 법

자, 그러면 내게 맞는 알뜰폰 요금제를 어떻게 찾을 수 있을까요? 우선 내 핸드폰 사용량을 알아야 합니다. 아무리 싸더라도 내 사용 패턴에 맞지 않는 요금제는 무용지물일 테니까요. 기존 통신 3사 요금제를 이용중이라면 각 통신사 사이트나 모바일 앱, 고객센터를 통해 사용량 조회가 가능합니다. SKT는 최근 6개월까지, KT와 LGU+는 4개월까지 조회할 수 있어요.

　와이파이 등 무료 데이터 사용량까지 정확하게 따져보려면 안드로이드 운영체제[OS] 핸드폰의 경우 '설정-연결-데이터사용-모바일 데이터 사용량'에서 확인할 수 있습니다. 아이폰은 유료 데이터 사용량을 '설정-셀룰러-사용 내용'에서 볼 수 있고요. 와이파이 사용량까지 확인하려면 '마이 데이터 매니저' 같은 앱을 설치해야 합니다.

제 경우 최근 3개월간 데이터는 평균 6.1~10.7기가바이트를 썼더군요. 유튜브나 OTT를 보지 않고, 출퇴근하며 음악만 듣는 편이라 사용량이 많지는 않았던 것 같아요. 통화량은 한 달 평균 420분이었네요. 월 데이터 11기가바이트(LTE)에 통화량 무제한 요금제를 사용하고 있는데, 적절한 요금제를 잘 고른 것 같습니다. 지금은 매달 34,000원 정도를 내고 있지만, 더 싼 요금제가 있는지 한번 찾아봐야겠다는 생각이 드네요.

내 핸드폰 사용량을 알았다면, 이제는 적당한 요금제를 찾아봐야겠죠. 알뜰폰 요금제는 여러 플랫폼을 통해 쉽게 비교 가능합니다. 대표적인 게 알뜰폰 허브HUB입니다. 정부가 운영하는 '대국민 알뜰폰 포털' 사이트인데요. 전체 80여 개 사업자 중 온라인 판매를 지원하는 17개 주요 알뜰폰 통신사 요금제를, 내가 원하는 조건으로 비교하고 검색할 수 있습니다.

좀 더 다양한 사업자 요금제를 보고 싶으신가요? 그렇다면 35개 사업자 요금제를 비교해주는 민간 플랫폼 '모두의 요금제'에서 조건을 설정하고 검색해보세요. 세븐모바일이나 알닷(LGU+ 알뜰폰 자회사), 마이알뜰폰(KT 알뜰폰 자회사) 등 개별 사업자 사이트에서도 자사 요금제를 비교할 수 있으니, 대형 알뜰폰 사업자 요금제를 쓸 생각이라면 이 세 곳을 오가며 비교해보는 것도 나쁘지 않겠습니다.

요금제를 살펴볼 때 주의해야 할 점이 있는데요. 이벤트 기간을 확인하는 겁니다. 월 요금 밑에 조그만 글씨로 일정 기간 이후에는 요금이 오른다는 내용을 고지하는 경우가 있을 겁니다. 초저가 요금제 상당수가 가입자 확보를 위해 6~24개월 동안 할인과 지원금을 제공하다가 해당 기간이 지나면 요금을 올리기 때문입니다.

다만 걱정할 것은 없습니다. 이런 요금제들은 무약정이라 할인 기간이 끝나면 요금이 오르는 시점에 위약금 없이 해지하고 저렴한 다른 요금제로 갈아탈 수 있거든요. 실제로 이런 방식으로 수개월 간격으로 혜택이 만료되는 시점에 다른 요금제로 갈아타는 알뜰폰 '메뚜기족'도 많습니다.

이렇게 요금제를 갈아탈 때는 가급적 매달 1일에 하는 게 좋다고 해요. 날짜 단위로 사용 데이터가 계산되기 때문에 1일 이후에 요금제를 바꾸면 초과 요금이 발생할 수도 있기 때문이에요. 할인 기간이 끝나는 날에 맞춰 새 유심을 사두고 알림을 설정해뒀다가 잊지 말고 해지와 함께 새 요금제를 신청하면 되겠죠?

알뜰폰에도 결합 상품이 있습니다. 인터넷이나 인터넷 방송[IPTV], 가족 결합 요금제 등이 있죠. 다양하게 할인이 적용되니 내 상황이나 필요에 따라 선택하면 됩니다. 다만 이렇게 하면 자유롭게 요금제를 오가기가 힘들어지니 그 점은 고려해야겠죠.

자잘한 고정비 줄이는 법
: 교통비

우리의 지출에서 교통비가 생각보다 아주 큰 부분을 차지하는 건 아닙니다. 2022년 통계청 조사를 보니 가구 소비 지출에서 교통비 비중은 12% 정도더라고요. 그래도 식비나 주거비에 견주면 줄이기가 조금 쉬운 편입니다. '날씨가 추워서/더워서' '약속 시간을 착각해서' 등의 이유로 타는 택시와 이별하기만 해도 드라마틱하게 줄어들죠.

최근에는 대중교통비를 아낄 수 있는 상품도 많이 출시됐습니다. 케이패스와 기후동행카드를 중심으로 각각의 장단점을 소개하겠습니다.

케이패스 vs 기후동행카드

2024년 5월 출시된 '케이패스'부터 보겠습니다. 대중교통 이용 금액의 일부를 돌려주는 카드예요. 일반인은 20%, 청년(19~34세)은 30%, 기초생활수급자·차상위계층 등 저소득층은 53%를 환급 받을 수 있어요. 한 달 교통비가 10만 원이라면 적어도 2만 원은 줄일 수 있는 거죠. 모두가 혜택을 볼 수 있는 건 아닙니다. 대중교통을 한 달에 적어도 15회는 이용해야 환급 대상이 돼요. 일상적으로 출퇴근한다면 얼마든지 채울 수 있는 요건이긴 합니다.

최소 기준이 있다면 상한선도 있어요. 하루에 최대 2회, 한달에 60회까지만 환급 대상이 됩니다. 거의 전국(210개 시·군·구)에서 이용 가능합니다. 다만 강원·경북·전남에서는 사업에 참여하지 않는 지자체도 일부 있으니 케이패스 사이트에서 확인이 필요합니다.

케이패스를 이용하려면 어떻게 해야 할까요? 우선 케이패스를 취급하는 카드사에서 교통카드를 발급받아야 해요. 경기, 광주, 부산 등 일부 지역에서는 케이패스를 쓰는 이들에게 추가 혜택을 주기도 합니다. 어떤 카드를 발급받아야 하는지 역시도 케이패스 사이트에서 볼 수 있습니다. 카드를 발급받고 나면 케이패스 누리집이나 앱에서 회원가입이 필요합니다. 청년이나 저소득층 추가 할인 대상인 경우 인증도 해야 하죠. 환급액은 다음 달 7영업일(주말·공휴일 제외)이 지나고 들어와요. 참고로 이용 첫 달에는 대중교통을 15회 미만으로 타도 환급 혜택을 적용해줍니다.

서울시민이라면 기후동행카드라는 선택지가 하나 더 있습니다. 케이패스가 이용 금액의 일부를 돌려준다면 기후동행카드는 한번 끊으면 무제한으로 탈 수 있는 정기권이죠. 한 달(30일) 무제한의 가격은 62,000원(공공자전거인 따릉이 포함 65,000원)인데, 13~39세 청년이라면 55,000원(따릉이 포함 58,000원)이에요.

정액제라 편리하지만 치명적인 단점이 있어요. 서울시에서 하는 사업이다 보니, 서울 외 지역에서는 사용할 수 없다는 겁니다. 서울-경기를 연결하는 일부 대중교통 노선(김포골드라인 등)으로 혜택이 확장되고는 있지만, 서울 외 지역으로의 이동이 잦다면 기후동행카드가 그리 좋은 선택은 아닐 거예요. 기후동행카드를 쓸 수 있는 대중교통 노선은 서울시 사이트 등에서 확인 가능합니다.

기후동행카드를 사용하려면 모바일 티머니 앱을 다운받아 카드를 발급하고 충전하면 됩니다. 다만 2025년 7월 기준으로 아이폰은 모바일 기후동행카드 사용이 어렵습니다. 지하철 역사 등에서 실물 카드(3,000원)를 구입해 충전 후 쓸 수 있어요. 카드사를 통해 발급하는 후불 기후동행카드도 있습니다. 30일 동안 먼저 이용한 뒤 62,000원(한 달이 31일이라면 64,000원 청구)을 내면 되는 거죠. 일반 카드(신용·체크)와 교통카드를 한 장으로 이용하고 싶다면 선택할 만합니다.

만약 서울에 산다면 케이패스와 기후동행카드 중 뭘 선택해야 할까요? 교통비 수준과 나이 등에 따라 다를 거예요. 한 달 교통비가 80,000원쯤 나오는 25세 서울시민이라고 가정해볼까요. 케이패스를 쓰면 80,000원의 30%인 24,000원이 환급되니 교통비를 56,000원으로 줄일 수 있습니다. 그런데 청년 기후동행카드는 55,000원이니 조금 더 쌉니다. (예시에서 보듯이 평균적인 이용 금액에서는 두 가지가 큰 차이가 없어요.) 만약 35~39세라면 케이패스에서는 일반인(20%) 혜택을 받지만 기후동행카드는 청년용을 쓸 수 있으니 기후동행카드가 더 나을 수 있겠습니다.

자잘한 고정비 줄이는 법
: 구독료

　가계부를 써보고 놀란 점은 제가 구독서비스에 꽤 많은 돈을 쓰고 있다는 사실이었어요. 각종 OTT는 물론이고 스포티파이, 아이클라우드, 최근에는 챗GPT도 결제했습니다(요즘 저의 가장 친한 친구입니다).

　넷플릭스, 웨이브, 왓챠, 티빙, 디즈니플러스…. 얼마나 많은 사람들이 OTT를 이용하고 있을까요? 방송통신위원회와 한국정보통신진흥협회가 전국 8,316명을 대상으로 조사해 발표한 '2024 방송매체이용행태조사'를 보면 OTT 이용률은 2022년 72%에서 2024년 약 80%로 높아졌습니다.

10~30대로 한정하면 95%가 넘고요.

　재밌는 조사 결과도 있는데요. 2024년 티빙의 이용률이 14.8%로 전년(9.1%) 대비 눈에 띄게 증가했어요. 이때부터 티빙이 KBO 프로야구 온라인 중계권을 독점했거든요. 사실 저도 야구 때문에 티빙에 가입했습니다. (야구 시청권을 보장해달라, 투쟁!)

OTT 요금, 조금이라도 아끼는 법

'바쁘다 바빠' 현대사회에서 여가 시간을 재밌게 보내고 문화생활도 쉽게 하려면 OTT는 선택이 아닌 필수일지도 모릅니다. OTT 비용을 절약하려면 내가 사용하고 있는 각종 서비스 가운데 OTT 할인 상품이 있는지 살펴보세요.

　저는 매월 이용료 4,900원을 내면 쇼핑 포인트 적립을 더 해주는 네이버플러스 멤버십 서비스를 이용하고 있는데요. 제가 티빙에 가입했던 2024년에는 네이버플러스 멤버십 회원에 한해 월 9,500원이던 티빙 베이직(동시 시청 1대) 서비스를 월 4,900원에 이용할 수 있었습니다. 매월 티빙 이용료 약 4,500원을 아꼈어요. (해당 혜택은 2025년 초에 종료됐습니다. 아쉬워요.) 쿠팡 로켓와우 무료배송 등의 혜택을 제공하는 쿠팡 유료 멤버십 회원이라면 쿠팡플레이라는 OTT를 무료로 이용할 수 있습니다.

광고형 요금제를 이용하는 것도 절약 방법의 하나입니다. 저렴한 가격에 콘텐츠를 이용할 수 있는 대신 광고가 붙는 요금제입니다. 영상 시작과 중간에 시간당 4~5분가량 광고가 나와요. 2025년 7월 기준 넷플릭스의 광고형 스탠다드 가격은 월 7,000원, 티빙의 광고형 스탠다드 가격은 월 5,500원입니다. 일반 스탠다드 가격 13,500원보다 각각 6,500원, 8,000원이 저렴해요. 광고형 요금제도 일반 요금제와 같이 동시 접속이 두 명까지 가능해서 가구 구성원과 함께 사용한다면 1인당 월 3,500원, 월 2,750원에 이용할 수 있습니다.

앞서 소개한 설문조사를 보면 넷플릭스, 티빙 이용자 가운데 18.2%가 광고형 요금제를 이용하고 있는 것으로 나타났는데요. 약 65%가 광고형 요금제를 지속적으로 이용할 의향이 있다고 답했습니다. 반응이 꽤 긍정적이죠? 참고로 네이버플러스 멤버십(월 4,900원) 혜택은 2025년 초 티빙에서 넷플릭스 광고형 스탠다드로 바뀌었어요. 네이버플러스 멤버십 회원이라면 무료로 넷플릭스 광고형 스탠다드 서비스를 이용할 수 있는 거예요.

최근에는 통신사 결합 상품도 늘고 있어요. SKT는 OTT를 2개 이상 이용하는 소비자를 겨냥한 상품을 내놨습니다. 'T 우주패스 넷플릭스+웨이브 콘텐츠 팩'을 구매하면, 월 12,000원에 넷플릭스 광고형 스탠다드(월 7,000원)와 웨이브 베이직(월 7,900원)을 이용할 수 있어요. 월 2,900원 저렴합니다. 'T 우주패스 with 디즈니플러스+웨이브 이용권'은 월 14,900원에 디즈니플러스 스탠다드(월 9,900원)과 웨이브 베이직(월 7,900원)을 이용할 수 있습니다. 월 2,900원을 아낄 수 있어요.

LGU+는 자체 구독 서비스인 '유독'을 운영하고 있는데요. '더블스트리밍 연간권'을 신청하면 넷플릭스 광고형 스탠다드(월 7,000원)와 유튜브 프리미엄(월 14,900원)을 월 15,900원에 이용할 수 있습니다. 정가(월 21,900원)보다 약 27%(6,000원) 저렴해요. LGU+ VIP 이상 등급이라면 4,000원을 추가 할인 받을 수 있어요.

KT는 통신사 사이트에서 티빙, 유튜브 프리미엄 등을

구독 신청할 경우 월 요금에서 1,000원을 할인해주거나 매월 스타벅스 아메리카노 한 잔을 제공하는 상품을 판매하고 있어요.

이밖에 '계정 공유 서비스'라는 것도 있는데요. '피클플러스'가 대표적입니다. OTT를 타인과 공유할 수 있도록 파티장(구독료 결제자)과 파티원을 자동 매칭해주고 정산을 대행해주는 서비스예요. 예를 들어 파티장이 4회선까지 이용할 수 있는 17,000원의 프리미엄 요금제를 결제할 경우, 파티원 3명을 매칭해 요금을 나눠 내는 겁니다. 1인당 5,250원(수수료 1,000원 포함)의 비용으로 고화질 콘텐츠를 볼 수 있어요.

이전에는 계정을 공유하려는 이용자들이 카페에 글을 올려 사람들을 모집해야 했지만, 그럴 필요가 없어진 거죠. 해당 서비스를 이용하면 개인정보를 타인에게 알려야 하거나 '먹튀' 우려가 없다는 장점이 있습니다.

하지만 이 서비스를 언제까지 이용할 수 있을지는 불확실합니다. 넷플릭스에 이어 티빙도 '가족 외 계정 공유'를 제한하기로 했거든요. 다른 OTT도 같은 정책을 펼칠지가 관건이 될 것 같아요.

'13월의 월급' 연말정산 제대로 알고 하자

직장인이라면 매년 1월 돌아오는 연말정산을 피해갈 수 없죠. 이것저것 서류를 내는 건 귀찮지만, 2월이 되면 통장에 꽂히는 환급금은 기다리게 되잖아요. 왠지 '꽁돈'이 생긴 것 같아 기분도 좋고, 사고 싶었던 걸 사기도 하고요.

그런데 환급금의 정체를 알면 이 돈을 쉽게 쓰기 아깝다는 생각이 들 거예요. 환급금은 내가 내야 할 세금보다 많이 낸 돈을 돌려받는 것일 뿐이거든요. 무슨 세금을 냈다는 건지 어리둥절 하신가요? 그렇다면 이번 편을 찬찬히 살펴보시면 도움이 될 거예요. 연말정산이 무엇이고 왜 하는 건지,

그리고 연말정산을 잘해서 돈 아끼는(버는) 방법은 뭐가 있는지 알아볼게요.

연말정산은 왜 해야 할까

우리는 모두 알게 모르게 매달 세금을 냅니다. 정부에 근로소득세(국세)를 내고, 내가 사는 지방자치단체에 지방소득세(지방세)를 내요. 회사에서 월급을 줄 때 미리 세금을 떼서 납부하기 때문에 세금의 존재를 느끼지 못할 뿐입니다.

이를 '원천징수'라고 합니다. 회사가 나 대신 세금을 내주기 때문에 편리하고 탈세도 어렵습니다. 직장인의 월급 내역이 속속 들여다보일 정도로 투명하다는 의미에서 '유리지갑'이란 말이 괜히 나온 게 아니죠. 연말정산은 이렇게 1년 동안 원천징수한 근로소득세와 지방소득세가 내야 할 것보다 많으면 돌려주고, 적으면 더 거둬가는 과정입니다.

복잡하게 연말정산을 하는 것보다 '처음부터 내야 할 만큼만 거둬가면 되는 것 아니야?'라는 생각이 들 수 있습니다. 내가 낸 세금 '기납부세액'과 마땅히 내야 할 세금 '결정세액'에 차이가 생기는 이유는 정부가 여러 이유로 세금을 깎아주기 때문입니다. 월급이 똑같다고 주머니 사정까지 같지는 않겠죠? 정부는 저마다 다른 형편을 세금 부과액에 반영해 세금을 깎아줍니다. 부양가족이 많으면 세금을 깎아주는 식이죠. 이렇게 세금을 깎아주는 걸 '공제'라고 해요.

그런데 공제 금액은 한 해가 다 지나야 확정됩니다. 그래서 우리가 매달 꼬박꼬박 내는 세금은 개인의 세세한 사정을 반영하지 않은 채 부과됩니다. 매년 공제 내역을 반영해 이듬해 1월 세금을 정산하는 이유죠. 즉, 귀찮다고 연말정산을 제대로 안 하는 것은 곧 안 내도 될 세금을 굳이 나라에 기부하는 셈입니다.

연말정산을 잘한다는 건 곧 공제를 꼼꼼히 받아 세금을 덜 내는 겁니다. 소비나 저축, 투자에 쓴 돈이 똑같아도 공제 요건을 얼마나 충족했는지에 따라 내야 할 세금은 달라질 수 있으니 되도록 공제를 최대한 많이 받는 방법을 택하는 게 좋죠.

큼직한 소득공제부터 잘 챙기자

우선 챙겨야 하는 게 소득공제입니다. 소득공제는 말 그대로 소득을 깎아준다는 건데요. 이해를 위해 잠시 국세청의 입장에서 생각해봅시다. 국세청은 소득 수준에 따라 세금을 부과합니다. 기본적으로는 소득에 세율을 곱해 세금을 산출하는데, 소득이 높을수록 세율도 높아지죠. 그런데 일정 조건을 만족하면 실제 소득에서 일정 금액을 빼주는 겁니다.

예를 들어 연봉이 실제로는 5,000만 원인데, 각종 공제를 통해 2,000만 원을 빼준다고 하면, 세금을 매길 때는 3,000만 원을 번 걸로 간주하는 거죠. 이때 빠지는 2,000만 원이 바로 '소득공제 총합'입니다. 이 소득공제는 누구나 똑같이 받는 게 아니라 부양가족 수, 연금저축 납입 여부, 의료비, 교육비, 신용카드 사용액 등 개인의 상황에 따라 달라집니다. 그래서 어떤 사람은 1,000만 원만 공제받고, 어떤 사람은 2,000만 원 넘게 공제받기도 하죠.

이렇게 공제를 적용하고 남은 소득, 즉 세금 계산의 기준이 되는 소득을 '과세표준'이라고 해요. 앞의 예시에선 소득공제를 2,000만 원 받았으니, 5,000만 원에서 이걸 뺀 3,000만 원이 과세표준이 되는 겁니다. 이 과세표준에 세율을 곱한 뒤 세액공제를 빼 실제 내야 할 세금이 결정되는 거죠.

소득공제를 우선 챙겨야 한다고 한 이유는 절세 효과가 크기 때문이에요. 예를 들어 연봉이 1억 원인데 소득공제를 2,500만 원 받아 과세표준이 7,500만 원으로 줄어드는 경우, 소득공제를 하나도 안 받을 때와 비교해 세율이 19.6%에서 16.3%로 낮아집니다. 잠정적으로 내야 할 세금(산출세액)은 732만 원이나 줄어요. 소득공제의 효과가 대단하죠?

인적공제는 무엇일까

소득공제를 최대한 많이 받으려면 어떻게 해야 할까요? 일단 인적공제를 잘 챙겨야 해요. 인적공제란 쉽게 말해 나에게 부양가족이 있다면, 부양 비용을 감안해 인당 일정 금액의 세금을 깎아주겠다는 겁니다.

기본적으로 본인을 포함해 부양가족 1인당 150만 원이 공제되고, 그 부양가족이 70세 이상이거나 장애인이면 추가로 100만 원씩 더 공제됩니다. 본인이 한부모라면 100만 원, 기혼 여성 혹은 부양가족이 있는 근로소득 3,000만 원 이하의 세대주 여성이라면 50만 원씩 추가 공제가 이뤄지고요.

인적공제는 연말정산 간소화 시스템에서 부양가족을 선택하는 방식으로 간단히 챙길 수 있어요. 다만 부양가족 인정 요건을 정말 만족하는지 잘 확인해야 해요. 만약 요건을 만족하지 않는 가족을 부양가족으로 등록해, 소득공제를 받은 사실이 나중에 적발되면 최대 40%에 달하는 가산세를 물어내야 하거든요.

가령 배우자와 만 20세 이하 자녀라면 같이 살지 않아도 부양가족으로 인정되지만, 부모(직계존속)나 형제자매는 부양가족으로 인정받으려면 까다로운 요건을 만족해야 해요. 나이는 만 20세 이하, 만 60세 이상이어야 하고(장애인인 경우 나이 요건 미적용), 부양가족의 소득이 합쳐서 연간 100만 원 이하(근로소득만 있는 경우 총급여 500만 원 이하)여야 합니다.

뿐만 아니라 질병으로 인한 요양이나 취업 등을 위해 따로 사는 예외적인 경우를 제외하면 신청자와 같이 살고 있다는 게 증명돼야 합니다. 부모를 부양가족으로 등록할 때는 형제자매와 중복 등록하지 않도록 주의해야 하고요. 부모가 연금을 받는 경우라면 연금 수령액에서 비과세 대상

금액과 연금소득공제를 뺀 과세대상금액이 100만 원을 넘지 않는지 확인해야 합니다.

맞벌이 부부라면 누가 부양가족 공제를 받을지도 선택해야 합니다. 이때는 소득이 많은 쪽에 부양가족 공제를 몰아주는 게 집안 경제에 유리합니다. 소득공제는 고소득자에게 더 큰 혜택을 주기 때문이에요. 세율이 똑같이 1%포인트 낮아져도 소득이 많을수록 감면 액수가 커지겠죠. 그러니 고소득 배우자의 과세표준을 낮추는 게 세금을 덜 내는 길입니다.

만약 근로소득만 있는데 연 총급여가 500만 원 이하라면 내 가족의 부양가족으로 등록하세요. 홈택스에서 부양가족 자료제공에 동의하고, 가족이 연말정산 할 때 나를 부양가족으로 선택하면 됩니다. 이 경우에는 기본공제만 받아도 세금을 한 푼도 안 내도 됩니다. 근로소득공제(350만 원)와 자기 자신에 대한 인적공제(150만 원)만으로도 내 과세표준은 0원이 되기 때문이죠. 내 가족이 나를 부양가족으로 등록하면 인적공제(150만 원)뿐 아니라 내가 쓴 신용카드 금액과 의료비도 가족의 사용 금액과 합산해 추가 공제를 받을 수 있습니다.

환급률을 높이는 카드 사용법

눈치 채셨는지 모르겠습니다만, 앞에서 짚었듯이 신용카드나 체크카드, 현금영수증 발행한 현금 사용 금액도 그 일부를 소득에서 공제받을 수 있습니다. 그래서 흔히 카드를 많이 쓸수록 환급을 많이 받는다고 생각하죠. 하지만 이는 절반만 맞는 얘기입니다.

왜냐하면 쓴 돈 중에 소득공제로 인정되는 금액에 상한이 있기 때문이에요. 소득이 7,000만 원 이하라면 최대 600만 원까지, 7,000만 원 초과라면 최대 450만 원까지만 공제해 줍니다. 상한선만 있는 게 아니라 하한선도 있어요. 소득공제를 받을 수 있는 건 내 총급여의 25%를 초과한 사용 금액부터예요. 만약 내 총급여의 25% 이상 돈을 쓰지 않았다면 공제를 한 푼도 못 받습니다. 공제율 역시 신용카드는 쓴 돈의 15%, 체크카드나 현금영수증은 30% 정도에 그칩니다. 즉, 꽤 많은 돈을 써야 공제를 받을 수 있는데 공제율 자체가 그리 높은 편도 아니어서, 어차피 환급 받으니 많이 써도 된다고 생각할 정도는 아니라는 거죠.

그래도 기왕 쓸 돈이라면, 환급률을 높이는 카드 사용법은 있습니다. 공제율이 제일 낮은 신용카드 사용을 최소화하는 겁니다. 소득공제를 받으려면 총급여의 25%만큼은 신용카드를 써서 채우고, 소득공제가 적용되는 그 이후 금액부터는 체크카드나 현금을 써서 30% 공제율을 적용 받는 게 좋죠. 카드사에서 제공하는 실적 충족에 따른 여러 혜택을 누리면서 연말정산 때 공제금액을 늘리는 길입니다.

신용카드 등 사용 금액 소득공제 한도 및 공제율

	신용카드	체크·직불·현금영수증 등	전통시장·대중교통 이용액	도서·신문·공연·영화·미술관·박물관 등 사용액	합계 한도
총급여 7,000만 원 이하 공제 한도	300만 원		300만 원		600만 원
총급여 7,000만 원 초과 공제 한도	250만 원		200만 원	해당 없음	450만 원
공제율(공통)	15%	30%	40%	30%	

먼저 지난해 연말정산 내역 등을 통해 나의 총소득을 확인합니다. 여기에 25%를 곱해 연간 신용카드로 채울 사용

금액을 구하고, 이를 12로 나누면 대강 한 달에 얼마를 신용카드로 써야 할지 나오겠죠. 신용카드 혜택을 받기 위해 필요한 실적 금액과 비교해가며 한 달에 최대 얼마까지 신용카드로 쓸지 정해볼 수 있겠습니다.

이것저것 골치 아프다면 그냥 다 무시하고 이것만 기억하세요. *신용카드는 실적 채울 만큼만 쓰고 웬만하면 체크카드나 현금을 쓰는 게 좋다는 걸요.* 또 기왕 신용카드를 쓸 거라면 전통시장에서 장 볼 때나 책을 구매하거나 공연을 보는 등 문화생활 할 때 쓰는 게 유리합니다. 이 사용처들에 대해선 신용카드로 결제해도 30~40% 공제율이 적용되기 때문입니다. 해외 여행 가서 긁은 카드는 공제 대상이 아니라는 점도 기억해두세요. 국내에서 원화로 예매한 항공권은 공제됩니다.

맞벌이 부부라면 연 소득이 7,000만 원 이하인 사람에게 카드 소득 공제를 몰아주는 게 유리합니다. 이 사람 명의 카드로 문화생활 비용도 내고 장도 더 보는 거죠. 일단 문화생활 공제는 연 소득이 7,000만 원을 초과하면 제공되지 않기 때문이에요. 공제 한도도 7,000만 원 이하인 사람이 더 높고요.

뒤이어 설명할 세액공제와 카드 소득공제가 중복으로 인정되기 때문에 카드를 사용하면 좋은 사용처로는 의료비, 취학 전 아동의 학원비, 교복 구입비 등이 있습니다. 기부금이나 보장성 보험료는 신용카드로 납부할 수 있지만, 이 경우 신용카드 사용 금액에 대한 소득공제와 별도로 중복 공제가 되지는 않습니다.

다시 말해 이런 항목들은 '신용카드 사용액 소득공제'에는 포함되지 않고, 각각 기부금 세액공제나 보험료 세액공제 항목에서만 공제가 적용됩니다. 따라서 이런 지출은 신용카드를 사용하든 현금영수증을 발행하든 공제 효과에는 큰 차이가 없습니다.

노후 대비하고 세금을 아끼자

소득공제 다음으로 챙겨야 할 게 세액공제입니다. 국세청은 내 소득에서 소득공제를 빼서 나온 과세표준을 기반으로 내가 내야 할 세금을 1차 계산합니다. 앞에서 말한 세율을 적용해서요. 이렇게 구한 세금을 산출세액이라고 해요. 세액공제는 이 산출세액에서 추가로 적용되는 세금 할인을 말합니다.

산출세액 = 과세표준 × 기본세율

과세표준	기본세율
1,400만 원 이하	과세표준의 6%
1,400만 원 초과~ 5,000만 원 이하	84만 원 + (1,400만 원 초과금액의 15%)
5,000만 원 초과~ 8,800만 원 이하	624만 원 + (5,000만 원 초과금액의 24%)
8,800만 원 초과~ 1억 5,000만 원 이하	1,536만 원 + (8,800만 원 초과금액의 35%)
1억 5,000만 원 초과~ 3억 원 이하	3,706만 원 + (1억 5,000만 원 초과금액의 38%)
3억 원 초과~5억 원 이하	9,406만 원 + (3억 원 초과금액의 40%)
5억 원 초과~10억 원 이하	17,406만 원 + (5억 원 초과금액의 42%)
10억 원 초과	38,406만 원 + (10억 원 초과금액의 45%)

이 세액공제의 특징은 소득 수준에 상관없이 공평하게 세금 감면 효과가 나타난다는 거예요. 이미 세율을 적용한 다음에 정해진 금액을 빼주는 것이니 소득이 얼마든 할인

액이 똑같겠죠. 고소득자에게 상대적으로 더 유리했던 소득공제와의 차이입니다. 최대 2,500만 원으로 공제 한도가 정해져 있는 소득공제와 달리 세액공제는 정해진 한도 금액이 없는 것도 차이점이에요.

연말정산 흐름도

	연봉	
−	비과세소득	연장·야간·휴일근무 수당, 월 20만 원 이하 식대, 육아휴직 급여, 군인 월급, 산업재해보상보험에 따른 배상·급여 등
=	총급여	
−	근로소득공제	총급여 액수에 따라 최대 2,000만 원까지 누구에게나 자동으로 적용되는 공제
=	근로소득금액	
−	소득공제	
=	과세표준	
×	기본세율	
=	산출세액	
−	세액감면 + 세액공제	
=	결정세액	
−	기납부세액	
=	차감징수세액	음수면 환급, 양수면 납부

세액공제 단계에서는 연금계좌에 부은 돈, 의료비, 교육비, 월세, 기부금 등으로 쓴 돈을 세금에서 빼줍니다. 그중 핵심은 연금계좌 납입액이죠. 구체적으로는 개인형퇴직연금[IRP] 계좌와 연금저축계좌에 넣은 돈이 공제됩니다. 개별 계좌의 특성과 용도는 퇴직연금을 다루면서 뒤에서 살펴보도록 하고, 여기서는 공제 혜택만 간단히 짚고 넘어가겠습니다.

연금저축과 IRP에 붓는 돈은 합쳐서 최대 900만 원까지 세액공제를 적용해줍니다. 공제율은 소득에 따라 다른데, 총급여가 5,500만 원(종합소득금액 4,000만 원) 이하면 16.5%(지방소득세 포함), 초과면 13.2%를 적용해요. 1년에 최대 1,485,000원을 세액공제 받을 수 있는 거죠.

ISA 계좌의 경우 기존에 가입했던 계좌의 계약 기간이 끝났을 때 거기에 들어있던 돈을 연금계좌에 넣으면 납입액의 10%에 대해 세액공제를 해줍니다. 단, 세액공제를 적용받을 수 있는 최대 금액은 300만 원이에요. 소득에 따른 공제율 기준은 위와 같습니다. 1년에 최대 495,000원을 세액공제 받을 수 있는 겁니다.

연금저축 및 개인퇴직연금(IRP) 공제 한도 및 공제율

	연금저축·IRP 공제율 (지방소득세 포함)	연금저축 공제 한도 (공제 대상 금액 한도)	IRP 공제 한도	최대 세액 공제액
총급여 5,500만 원 이하 (종합소득금액 4,000만 원 이하)	16.50%	600만 원	(연금저축과 합해) 900만 원 * 연금저축 600만 원 납입 시 IRP 추가 공제 한도는 300만 원	148만 5,000원
총급여 5,500만 원 초과 (종합소득금액 4,000만 원 초과)	13.20%			118만 8,000원

　연금계좌에 납입하는 돈은 노후자금을 모으기 위한 것이라, 특별한 경우가 아니면 해지할 필요 없이 오래 묵혀둘 수 있는 만큼만 넣어야 합니다. 급히 필요한 돈을 넣으면 안 돼요. 55세 전에 출금할 경우 계좌를 해지해야 하는데, 그러면 연말정산 때 깎아준 세금 혜택을 도로 반환해야 하기 때문이죠. 매달 납입하는 게 부담스럽다면 연말에 성과급 등을 벼락치기로 한번에 납입하는 것도 가능합니다.

환급금 너무 많이 받았다면 '이것' 고려하자

환급금이 많다면 앞서 설명한 공제를 많이 받은 건데요. 좋기만 한 걸까요? 꼭 그렇지만은 않습니다. 내야 할 것보다 많은 세금을 그만큼 미리 냈다는 뜻이니까요. 정부가 세금을 깎아줘서 낸 돈을 돌려주는 건 고맙지만, 그렇다고 미리 거둬간 돈에 이자를 붙여 돌려주는 건 아니니까요. 만약 그 돈을 세금으로 안 냈다면 예·적금에 넣어 이자를 한 푼이라도 챙겼겠죠? 주식을 사서 차익 실현을 했을 수도 있고요.

그래서 환급금으로 '대박'을 친 분들이라면, 원천징수세액 조정을 고려해볼만 합니다. 말이 어려운데요, 내용은 별 게 아닙니다. 매달 내는 소득세 수준을 근로자가 일부 결정할 수 있다는 겁니다. 애초에 조금 내고 나중에 덜 돌려받겠다고 할 수 있는 거예요. 매달 내는 근로소득세 금액은 법으로 정해져 있어요. 대신 근로자는 매달 이 금액의 100%를 낼지, 80%만 낼지, 120%를 낼지 선택할 수 있습니다.

매달 10만 원을 소득세로 내는데 환급금이 60만 원 나왔다고 가정해봅시다. 결정세액이 60만 원인 거죠. 이 경우, 80%를 선택하면 매달 내는 소득세가 8만 원으로 줄어듭니다. 10만 원을 낼 때보다 매달 2만 원씩 덜 내고 1년 동안 24만 원을 투자한다고 생각해보세요. 적립식으로 투자해서 연 5% 수익률을 낸다고 가정하면 6,500원의 이익을 손에 쥘 수 있습니다. 적은 돈이지만 정말 '꽁돈'이죠. 대신 2월 환급금은 36만 원으로 줄어듭니다.

조정 방법은 간단합니다. 회사에 '소득세 원천징수세액 조정신청서'라는 걸 작성해 제출하면 됩니다. 그럼 다음 월급날부터 바꾼 비율대로 소득세를 떼고 월급이 들어올 겁니다. 한 번 비율을 바꾸면 그 해에는 다시 바꿀 수 없다는 점도 기억해주시고요. 회사 담당자를 배려해 월급날 최소 일주일 전에 신청서를 제출해주시면 아름다운 세상이 되겠죠?

아르바이트생이나 인턴도 연말정산 해야 할까?

연말정산은 기본적으로 월급 받는 직장인을 대상으로 합니다. 여기서 핵심은 월급인데요. 법적으로는 월급을 '일반근로소득'이라고 합니다. 시급이나 일당, 건당 지급되는 수당과 대비되는 개념이에요. 월급 받는 직장인이면 12월에 입사해 한 달 밖에 월급을 받지 않았어도 연말정산 대상입니다. 단, 그 해 수당을 빼고 받은 월급 합계가 500만 원을 안 넘으면, 연말정산을 할 필요가 없습니다.

근로소득자가 아닌 프리랜서나 자영업자라면 대부분 연말정산이 아니라 5월에 하는 종합소득세 신고를 해야 합니다. 프리랜서로 일하면서 동시에 회사에 소속되어 급여를 받는 경우처럼 근로소득이 함께 있는 사람이라면 일부 소득에 대해 연말정산이 적용될 수도 있습니다.

아르바이트생의 경우 '케바케'인데요. 급여명세서를 보면 내가 연말정산 대상자인지 가장 정확히 알 수 있습니다. 만약 급여에서 일용근로소득 세율인 6.6%(지방소득세 포함)가 세금으로 빠졌다면 연말정산도, 종합소득세 신고도 할 필요가 없습니다. 즉, 의료비나 교육비, 신용카드 사용액 등에 대해 공제를 못 받는다는 뜻이기도 하죠.

사업소득 세율인 3.3%(지방소득세 포함)가 적용됐다면 종합소득세 신고를 하면 돼요. 알바생으로 일한 기간이 길어지면 연말정산 대상자가 되기도 하는데요. 6.6% 세율을 적용 받는 알바생이 같은 고용주를 위해 3개월 이상 일하면 직장인들과 마찬가지로 연말정산 대상이 됩니다.

3장에서는 돈 모으기의 기본인 '저축'을 다룹니다. 연이율, 금리, 단리, 복리 등에 대해서 쉽게 설명하고, 어렵지만 모르고는 재테크를 할 수 없는 필수적인 내용들을 소개합니다. 제1금융권과 제2금융권은 어떻게 다른지, 여기저기서 많이 들리는 ISA 통장에 대해서도 자세히 다룹니다. 본격적인 재테크 공부를 시작해볼까요?

3장

돈은 어떻게 모으나요?

예·적금의 기초, 연이율과 금리를 알아보자

월급을 잘 관리하고, 돈을 아끼는 것도 물론 중요하지만, 돈을 모으는 데 있어 가장 기본이 되는 건 저축입니다. 그렇기 때문에 대표적인 저축 상품인 예·적금에 대해 꼭 알아야 합니다.

예·적금을 이해하려면 관련 용어부터 찬찬히 살펴봐야 합니다. 이자, 이자율, 금리는 혼용되기도 하지만, 자세히 살펴보면 각각 다른 의미를 가지고 있거든요. 이번 편에서는 이자, 이자율, 금리를 알아보고, 예·적금에 대해서도 자세히 소개하겠습니다.

이자, 이자율, 금리 알아보기

이자는 '무언가를 빌린 대가'를 말합니다. 쉬운 예시를 들어볼게요. 딸기 케이크를 만들어 먹고 싶어서 냉장고를 열었는데 딸기가 없네요. 마트 문도 닫았어요. 옆집에 가서 딸기를 10개 빌려옵니다. 다음날 딸기 11개로 갚기로 하고요. 여기서 이자는 딸기 1개입니다. 이자의 비율을 뜻하는 이자율은 10%가 되죠. 정확히 말하면 '일[1]' 이자율이 10%인 겁니다.

딸기가 아니라 돈이라고 생각해볼까요? 친구에게 100만 원을 빌렸습니다. 이 돈을 1년 뒤 110만 원으로 갚기로 했어요. '금리'는 '돈'을 빌려준 대가로 지급하는 이자의 비율을 말해요. 100만 원은 딸기처럼 다음 날 갚는 게 아니라 '1년 뒤'에 갚는다고 했죠. 금리도 통상 연간 기준으로 쓰입니다. 따라서 이 경우 금리는 10%가 되는 거죠. 일반적으로 '금리'는 '연이율'과 같은 의미로 쓰입니다.

예금과 적금은 어떻게 다를까

기초 개념을 다졌으니 금리가 적용되는 예·적금 상품으로 넘어가보겠습니다. 예·적금은 은행에 돈을 넣어 두고 이자를 받는 금융 상품입니다. 보통 '예금'과 '적금'을 한번에 묶어 '예·적금'이라고도 하는데요. 저축을 목적으로 만들어진 상품이라는 점을 제외하면 그 방식 면에서는 전혀 다릅니다.

예금은 일정 금액을 정해진 기간 맡기는 대가로 이자를 받는 '정기예금' 상품입니다. 예를 들어 1,000만 원을 연이율 3% 예금에 1년간 넣어두면 만기 시 원금 1,000만 원에다 이자 30만 원을 받을 수 있어요. 보통예금과 달리 정해진 만기 전에 예금을 해지하면 약속했던 금리보다 훨씬 낮은 금리를 적용 받는 등 불이익을 감수해야 합니다.

이 편에서는 편의상 '정기예금'을 '예금'이라고 부르도록 하겠습니다. 이자는 이자소득세 적용 전을 기준으로 표기하겠습니다. 예금의 다른 종류인 '보통예금'은 보관 금액과 기간의 제한 없이 언제든 입출금이 가능한 상품입니다. 금리가 0.1% 수준으로 낮습니다. 월급통장으로 활용되는 수시입출식 통장이 모두 보통예금에 해당되죠.

이자소득세란?

예금에 대한 이자에는 이자소득세를 내야 합니다. 예·적금으로 이자를 받거나, 주식으로 배당소득을 받는 경우 2,000만 원까지는 15.4%(이자소득세 14.0%+지방소득세 1.4%)에 해당하는 금액을 처음부터 떼고 받습니다. 2,000만 원을 초과하면 다른 소득과 합쳐 최고 49.5%(지방세 포함) 세율을 적용받게 돼요.

적금은 예금과 달리 한번에 돈을 넣고 묵혀두는 게 아니라 정해진 기간 동안 꾸준히 돈을 붓는 상품이에요. 매달 정해진 금액을 내는 구속력 있는 '정기적금'과 원하는 금액을 원하는 때에 자유롭게 납입하는 '자유적금'으로 나뉘어요. 자유적금은 정기적금과 달리 매달 일정하게 돈을 넣어야 할 의무가 없으니 상대적으로 금리가 낮습니다.

은행 입장에서는 고객의 저축 기간이 정해진 정기예금과 정기적금의 경우, 해당 기간 동안 그 돈을 다른 곳에 대출하거나 투자하는 식으로 활용할 수 있습니다. '정기' 상품의 금리가 높은 이유가 여기에 있습니다. 고객이 수시로 출금할 수 있는 돈은 은행이 다른 곳에 투자할 수 없으니 금리가 거의 없는 거죠.

　예·적금을 자세히 비교해볼까요. 둘은 방식이 다릅니다. 예금은 목돈을 한번에 납입하는 것이고 정기적금은 비교적 소액을 매월 납입하는 것입니다. 목적도 다릅니다. 적금은 예금보다 소액으로 매달 차곡차곡 넣게 되죠. 적금의 목적은 '목돈 만들기'입니다. 이렇게 모은 목돈을 1년 동안 한번에 맡기면(예금하면) 그에 대한 연이자를 받게 되는 것이죠. 그래서 예금의 목적은 '목돈 굴리기'입니다. 제가 예금을 잘 몰랐던 이유가 여기에 있네요. 예금할 만한 목돈이 없었기 때문입니다(또르르).

　정리하면 목돈이 있을 경우 정기예금, 월급처럼 고정적인 수입이 있고 목돈을 만들고자 한다면 정기적금, 고정적인 수입이 없다면 기간과 금액에 상관없이 돈을 넣을 수 있는 자유적금이 좋습니다. 특히 매달 수입이 다른 자영업자의 경우, 더 많이 버는 달에는 더 많은 금액을 넣을 수 있다는 점에서 자유적금이 저축에 도움이 됩니다.

안전하게 저축하려면 예·적금이 답

예·적금의 공통점도 있습니다. 원금 보장이 된다는 건데요. '안전하게 돈을 모으고 싶다' 하는 분들에게 적합하겠죠. 다만, 예외의 경우로 금융사가 파산하거나 영업 정지를 당하면 원금을 잃을 수도 있는데요. 예금자보호제도는 금융사별로 1인당 원금과 이자를 포함해 1억 원(기존 5,000만 원에서 2025년 9월 1일부터 1억 원으로 상향)까지 보장해줍니다.

금융회사가 영업정지나 파산을 당해 고객의 돈을 돌려주지 못한다면 해당 고객뿐 아니라 전체 금융시장이 불안정해질 거예요. 이런 사태를 막기 위해서 나라에서 예금자보호제도를 만들고 '예금보험공사'를 설립했어요. 예금보험공사는 금융회사로부터 일정 금액의 보험료를 받아 기금을 적립해놓습니다. 금융회사가 고객에게 돈을 돌려주지 못할 경우, 이 돈으로 대신 지급하게 돼요. 예금 지급 기준인 1억 원은 한 금융사에만 적용되니, 원금 보장을 원한다면 한 금융사의 여러 계좌에 1억 원씩 넣어두지 말고 여러 금융사에 나눠 넣어둬야 합니다.

예금자 보호 제도란?

금융사가 영업정지나 파산으로 고객의 예금 등을 돌려주지 못할 때, 예금자보호법에 따라 예금보험공사가 금융사별로 1인당 1억 원까지 (이자 포함) 대신 주는 제도입니다. 대상은 은행이나 저축은행에서 가입한 예·적금, 보험사에 넣은 보험료, 증권사 예탁금 등입니다. 상호금융사 예·적금은 예금보험공사의 보호 대상이 아니지만, 자체적으로 예금자보호기금을 마련해 1억 원까지 예금자 보호를 해줍니다.

적금 들 때는 연이율과 가입 기간을 고려하자

다른 은행 대비 아주 높은 금리를 내세우며 가입을 유도하는 상품 광고를 보셨을 텐데요. 이런 상품은 통상 금리를 연이율로 표기한다는 점을 유념하셔야 해요. 통상 예·적금에서 말하는 금리는 '연이율'이라는 점이 매우 중요합니다.

　예시를 들어 설명해볼게요. 카카오뱅크의 26주 적금이라는 상품이 있습니다. 최대 연이율 7%를 받을 수 있다고 광고했죠. 하지만 계산해보면 고객이 실제로 받을 수 있는 최대 연이율은 3.5%에 불과합니다. 왜 그럴까요?

1년은 52주니까 이 상품은 6개월짜리 적금입니다. 연이율 7%를 6개월로 환산하면 만기를 다 채웠을 때 3.5% 수준의 이자를 받을 수 있는 셈입니다. '연이율'과 '가입 기간'을 따지지 않고 7%라는 숫자만 보면 착각할 수 있는 거죠. 게다가 내가 낸 돈 전체에 3.5% 이율을 적용받을 수 있는 것도 아닙니다.

　적금의 경우, 예치 기간만큼 이율이 적용되기 때문인데요. 잘 생각해보면 연이율을 온전히 적용받는 건 첫 번째 달 납입액뿐입니다. 두 번째 달에는 연이율에서 한 달 치가 줄어든 11개월 치 이율, 세 번째 달에는 10개월 치 이율, 마지막 달에는 만기까지 예치 기간이 한 달밖에 되지 않으니 한 달 치만큼의 이율을 적용받게 되는 겁니다.

　이를 26주 적금에 적용해보면, 3.5% 수준의 이율이 적용되는 것은 첫 주에 넣은 금액에 한해서입니다. 마지막 26주에 넣은 금액에는 1주일 치 이율인 0.13%가 적용됩니다. 적금 상품(1년 만기, 매달 납입)의 경우 첫 달 납입분에만 1년 치 이율이 적용된다는 것이죠. 결국 얼마큼의 돈을 '얼마 동안' 넣어두느냐가 중요하다는 의미입니다. 그러니 같은 금액이 있다면 예금에 넣는 것이 이득입니다.

26주 적금 실제 이자 계산

주차	납입된 금액 (만 원)	예치 기간 (주)	예치 기간 우대 금리 (연 7% 기준)
1주차	1	26	3.50%
2주차	2	25	3.37%
3주차	3	24	3.23%
4주차	4	23	3.10%
5주차	5	22	2.96%
(중략)			
22주차	22	5	0.67%
23주차	23	4	0.54%
24주차	24	3	0.40%
25주차	25	2	0.27%
26주차	26	1	0.13%

 원금 1,200만 원이 있다고 가정해봅시다. 1,200만 원을 한방에 연이율 10% 예금에 넣으면 1년 후 만기 때 소비자는 이자 120만 원을 받게 됩니다. 1년 내내 이자가 붙기 때문이죠. 같은 돈을 매달 100만 원씩 나눠 연이율 10% 적금

에 1년 동안 넣는다면, 소비자는 만기 때 이자 65만 원을 받게 됩니다. 심지어 연이율 6% 예금 상품의 이자(72만 원)보다 적죠. 연이율 6% '예금'이 연이율 10% '적금'보다 이자를 많이 받을 수 있습니다. 이를 쉽게 계산하려면 포털에서 '금융 계산기'를 검색해 비교해보면 됩니다.

예·적금 우대금리 챙기기

조금이라도 높은 금리를 주는 예·적금 상품에 가입하고 싶은 마음은 다 똑같을 겁니다. 대부분의 고금리 예·적금에는 우대금리 요건이 있습니다. 약관을 잘 살펴봐야 하는 이유인데요. 제가 2024년에 가입한 우리은행의 '우리 퍼스트 정기적금' 상품을 살펴볼게요. 월 최대 납입한도 50만 원으로, 최대 연이율 7.0%를 받을 수 있는 상품입니다. 고금리 상품이라고 각종 커뮤니티에서 이슈길래 저도 가입했습니다. 그런데 정작 저는 연이율 4.0%만 적용된다고 돼 있더라고요.

이 적금은 기본적으로 연이율 4.0%가 적용되는데, 우대조건을 충족해야 우대금리 연 3.0%포인트가 추가로 적용되는 상품이었던 거죠. 1) 직전 1년간 우리은행 예·적금이 없고, 2) 은행의 마케팅 알람 수신에 동의하고, 3) 1회 이상 우리은행의 입출금 계좌에서 적금 금액을 자동이체해야 최고 금리 7.0%를 받을 수 있는 겁니다. 저는 마지막 조건을 충족하지 않아 연이율 4.0%가 떴던 거고요. 다행히도 자동이체 조건은 만기 전까지 한 번만 해도 충족된다고 해서 저는 연이율 7% 받기에 성공했습니다.

약관의 중요성을 알려주는 또 다른 사례가 있습니다. 고금리 적금을 찾던 제 친구가 2024년 KB국민은행의 '특별(★)한 적금'에 가입했다고 해요. 최고 연이율 4.0%에 목표달성(목표금액을 정하고 충족하기), 별모으기(출석체크)를 하면 각각 최대 연이율 1.0%포인트를 더 주는 상품입니다. 친구는 우대조건을 모두 맞춰 최고 수준인 연이율 6.0%를 받기로 목표를 잡았는데요. 열심히 했지만 연이율 5.5%밖에 적용받지 못했다고 합니다.

적금 목표금액을 50만 원 이하로 설정하면 우대금리 0.5%포인트, 50만 원 초과로 설정하면 우대금리 1.0%포인트를 주는 거였는데, 친구는 대충 숫자만 보고 목표금액을 50만 원으로 입력한 거죠. 우대금리 0.5%포인트를 놓친 겁니다. KB국민은행에 문의해보니, 50만 1원으로만 입력했어도 우대금리 1.0%포인트를 적용받을 수 있었다고 합니다. "생각할수록 분해요. 이상·이하·초과·미만을 왜 초등학생 때부터 배우는지 알겠어요"라고 친구가 슬프게 말하더라고요.

일반적으로 금리가 낮아지는 시기에는 우대금리 항목이 더 까다로워집니다. 적금 최대 연이율이 똑같이 7.0%인 상품이라도 2024년보다 금리가 낮아진 2025년 상반기에 출시된 적금 상품에서 최대 연이율을 받기 위한 조건이 늘어났어요. 앞서 언급한 2024년 출시된 '우리 퍼스트 정기적금'은 기본 연이율이 4.0%라 3.0%포인트만큼의 우대조건을 채우면 됐죠. 2025년 1월에 나온 하나은행의 '달달 하나 적금'은 기본 연이율이 2.0%라 5.0%포인트만큼의 우대조건을 채워야 최고 연이율 7.0%를 맞출 수 있어요.

번거롭지만 예·적금은 안전하게 돈을 불릴 수 있는 상품인 만큼 약관을 잘 살펴 우대금리를 꼼꼼히 챙기는 게 중요하겠습니다. 예·적금의 차이, '연이율'의 의미, 여기다 우대금리 조건까지 확인할 줄 안다면 예·적금 고수로 향하는 첫걸음을 디딘 셈입니다.

단리와 복리는
어떻게 계산할까

"하루라도 빨리 투자를 시작하라"는 말, 들어보셨나요? 저는 이 말을 단순히 '열심히 돈 모으라'는 의미로 받아들였는데요. 알고 보니 '복리의 마법' 효과를 보기 위해 가장 중요한 요소가 시간이기 때문이더라고요. 지금부터 자세히 설명해볼게요.

앞서 예·적금을 소개하면서 연이율에 대해서 알아봤는데요. 우리가 알고 있는 이자 계산법, 즉 연이율에 예치 기간을 곱하는 방법은 이자 계산법의 절반일 뿐입니다. 이자 계산법은 '단리'와 '복리'로 나뉩니다. 단리는 원금에만 이자가 붙습니다. 복리는 원리금(원금+이자)에 다시 이자가 붙는 방식입니다. 이자에도 이자가 붙는다는 뜻이에요. 대부분의 예·적금은 단리 상품이라고 보면 됩니다.

단리와 복리 계산법

계산법도 쉬워요. 예금 단리 이자 계산법은 '원금×연이율× 예치 기간'입니다. (예치 기간은 1년을 1로 계산합니다. 6개월 동안 넣어뒀다면 0.5가 되는 거죠.) 원금 1,000만 원을 연이율 4% '단리' 예금에 넣었다면 1년 뒤에는 이자 40만 원(1,000만 원 ×4%)을 더해 원리금 1,040만 원을 받게 됩니다. 2년 만기라면 만기에 손에 쥐는 돈은 이자 80만 원을 더해 1,080만 원, 3년 만기라면 이자 120만 원을 더해 1,120만 원을 받는 식이죠.

 이제 복리 계산을 해볼게요. 원금 1,000만 원을 연이율 4% '연 복리' 예금에 넣었다면 1년 뒤에는 이자로 40만 원 (1,000만 원×4%)을 받게 됩니다. 원리금은 1,040만 원이죠. 여기까지는 단리와 같습니다. 복리는 두 번째 이자가 붙는 시점부터 효과를 발휘합니다.

　2년 차에는 총 이자가 816,000원이 됩니다. 단리 예금보다 16,000원이 더 많습니다. 이유가 뭘까요? 2년 치 이자가 원금 1,000만 원이 아니라, 1년 치 원금과 이자인 1,040만 원에 붙었기 때문입니다. 그러니 2년 치 이자는 416,000원(1,040만 원×4%)이 되고요. 이를 1년 치 이자 40만 원과 합치면 이자는 총 816,000원입니다.

　3년 차로 접어들면 격차가 조금 더 커집니다. 첫 해 이자로 40만 원, 두 번째 해 이자로 416,000원이 붙었죠? 세 번째 해 이자로는 432,000원이 붙어요. 세 번째 이자는 2년 치 원리금(10,816,000원)에 연이율 4%가 적용됐기 때문입니다. 모두 합하면 3년 치 이자는 1,248,000원입니다. 단리 예금 이자(120만 원)보다 48,000원 더 많습니다.

　단리와 복리의 누적 이자액을 그래프로 나타내어 비교해보면 차이가 더욱 확실하게 느껴집니다.

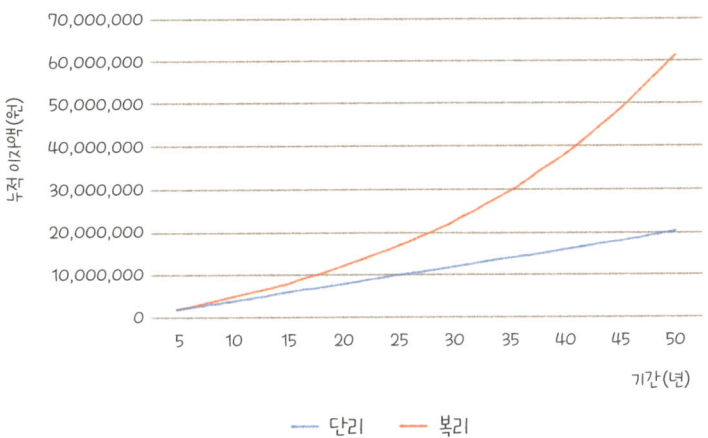

48,000원이면 치킨 두 마리 가격인데요. 큰 차이는 아니라고 생각하시나요? 조금 더 극적인 비교를 위해 예치 기간을 10년으로 늘려보겠습니다. 단리일 경우 이자 400만 원을 받습니다. 복리일 경우 이자 480만 원을 받게 돼요. 단리보다 80만 원이 많습니다. 예치 기간을 20년으로 늘려볼까요? 단리 이자가 800만 원일 때, 복리 이자는 1,192만 원에 달합니다. 예치 기간 50년이면 복리 이자(6,107만 원)가 단리 이자(2,000만 원)보다 4,000만 원 이상 많습니다.

복리에서 중요한 건 투자 기간

단리예금과 복리예금의 격차는 초기에는 큰 차이가 없지만, 기간이 길어질수록 기하급수적으로 벌어집니다. 이렇듯 복리에서 중요한 점은 '투자 기간'입니다. 전문가들이 소액이라도 가능한 한 일찍 투자를 시작해야 한다고 말하는 이유도 이 때문입니다.

일부 은행에서는 이자에 이자가 붙는 복리 예·적금 상품을 판매하고 있습니다. 하지만 상품 개수가 극히 적어요. 2025년 4월 기준 전체 은행 적금(1년 만기) 중에 복리 상품은 하나은행의 '주거래하나 월복리적금', NH농협은행의 'NH직장인월복리적금', 'NH1934월복리적금', Sh수협은행의 'Sh월복리자유적금' 등 4개에 불과합니다. 예금(1년 만기) 복리 상품은 광주은행의 '미즈월복리정기예금' 하나네요.

결국 은행 이용자들이 복리 효과를 보려면, 스스로 '재투자'를 잘 해야 한다는 의미인데요. 예·적금으로 만기된 금액을 쓰지 않고 그대로 다시 새로운 예·적금에 넣어야 한다는 뜻입니다(이러한 투자 기법을 '풍차 돌리기'라고 합니다. 뒤에서 자세히 설명하겠습니다). 저축하다가 해지하거나, 이자를 써버리면 다시 처음부터 시작해야 하기 때문에 복리 효과를 볼 수 없으니 그만큼 의지가 중요하겠죠. "예·적금은 없는 돈으로 생각하라"는 부모님 말씀이 여기서 나온 건가 싶어요. 쓰지 않고 계속 재투자해서 복리 효과를 보라는 뜻이 아니었을까요.

1,000만 원을 연이율 10% 예금에 넣어둔다고 가정해봅니다. 이자를 재투자하지 않으면 원금의 2배인 2,000만 원이 되는 데 10년이 걸리겠지만, 이자를 재투자한다면 7.2년이 걸립니다. 복리를 이용하면 그만큼 돈을 빨리 모을 수 있다는 의미예요.

이 사례를 적용하면 복리를 이용해, 즉 원리금을 그대로 재투자한다는 점을 가정해 내가 가진 돈을 두 배 늘리는 데까지 걸리는 기간을 계산할 수 있습니다. 72를 연간 이자율(투자수익률)로 나누면 됩니다. 원금 100만 원을 연이율 3% 예금을 복리 상품으로 굴린다고 가정하면, 2배인 200만 원이 되기까지 24년이 걸립니다. 72를 3으로 나눈 값이죠.

이 계산식은 투자 계획을 세울 때 유용합니다. 자신의 목표 수익률을 정할 때 활용할 수 있거든요. 10년 안에 원금을 2배 불리고 싶다면 72를 10으로 나누면 됩니다. 연 7.2%의 수익률을 올려야 원금의 2배를 만들 수 있다는 계산이 나오죠.

원금 100만 원으로 연 7.2%의 수익률을 올릴 경우

기간	금액 (약)
1년 후	107만 2,000원
2년 후	114만 1,000원
3년 후	123만 2,000원
4년 후	132만 1,000원
5년 후	141만 6,000원
6년 후	151만 8,000원
7년 후	163만 7,000원
8년 후	174만 4,000원
9년 후	187만 원
10년 후	200만 원

복리의 마법을 활용하자

이쯤 되니 궁금증이 생깁니다. 복리 효과를 제대로 보려면 어떤 상품을 활용해야 할까요? 예·적금은 원금 손실 위험이 없어, 만기 금액을 그대로 재투자하면 복리 효과는 확실하게 볼 수 있겠죠. 하지만 연이율이 낮으니, 연이율 3%로는 자산을 두 배 늘리기까지 24년이나 걸립니다.

주식은 어떨까요? 주식으로 매년 7.2%의 수익률을 거둘 수 있다면, 10년 만에 원금의 2배를 만들 수 있을 겁니다. 하지만 중간에 단 한 번의 손실도 없어야 하죠. 제가 만난 서울시 영테크 재무상담사가 이렇게 말해준 적이 있습니다. "연 수익 5% 이하거나 투자 기간 10년 이하는 복리 효과가 사실상 없다고 봐야 한다"고요. 반대로 말하면 10년 이상 꾸준히 투자하고, 경제를 공부해서 연 5%를 넘는 수익률을 내면 복리 효과를 볼 수 있다는 의미입니다.

복리는 강력한 만큼 쉽게 얻을 수 있는 게 아닙니다. 그렇지만 한 가지만 기억하면 복리의 마법에 한 발짝 더 다가갈 수 있습니다. 투자 수익을 쓰지 말고 반드시 재투자하라는 겁니다. 여기서부터 시작해보는 건 어떨까요?

풍차 돌리기로
예·적금 불리기

2024년 어느 날이었어요. 친구의 주식 계좌를 본 순간 저는 그만 홀리고 말았습니다. 미국 주식을 하는 친구의 수익률은 20%를 넘기고 있더라고요. 저는 (제대로 된 공부 없이) 미국 주식 투자를 시작했습니다. '이렇게 이익을 볼 수 있는데 2~3%대 적금이 웬 말이냐'라고 생각했죠. 그렇게 적금에 넣던 돈을 미국 주식에 넣기 시작했어요.

2025년 1월 도널드 트럼프 미국 대통령이 취임했고, 그가 한마디씩 할 때마다 제 주식은 뚝뚝 떨어지기 시작했습니다. 아무것도 안 했는데 원금 10분의 1이 날아가더라고요. 원래 주식은 그런 것이지만 저는 그걸 버틸 배짱이 없었습니다. 새삼 깨달았죠. 역시 재테크의 근본은 예·적금이라는 것을요.

풍차 돌리기는 무엇일까

예·적금은 안전합니다. 한 금융사당 원리금 1억까지 보장되니까요. 대신 다른 투자 상품에 비하면 이익을 크게 얻진 못합니다. "그래도 예·적금으로 이자를 최대한 얻고 싶어!" 고민하던 소비자들은 몇 가지 예테크(예·적금+재테크) 방식을 만들어냈습니다.

가장 많이 언급되는 방법은 '풍차 돌리기'입니다. 쉬지 않고 돌아가는 풍차처럼 매달 새로운 예·적금 상품에 가입한다는 의미예요. 1년 만기 예·적금에 가입하면, 가입 1년 후에 원금과 함께 이자를 받게 되잖아요. 풍차 돌리기는 매달 새 상품에 가입하는 방법인데요. 1년 만기 상품이라고 가정하면 1년 뒤에는 달마다 만기가 돌아오죠. 매달 원금에 이자를 더해 돌려받게 되는 거예요.

월 100만 원은 모아야 할 것 같은데, 당장 월 100만 원짜리 적금을 들기는 좀 부담스러우신가요? 10만 원짜리 적금(1년 만기)에 매월 하나씩 가입한다면 어떨까요. 적금에 새로 가입할 때마다 월 납입액이 10만 원→20만 원→30만 원 등으로 10만 원씩 찬찬히 늘게 되죠. 13개월 차부터 순차적으로 만기가 돌아와 매월 원금 120만 원에 이자까지 받을 수 있게 됩니다.

적금 풍차가 끝나면 예금 풍차도 돌릴 수 있습니다. 다달이 들어오는 '120만 원＋이자'를 1년 만기로 예금하는 겁니다. 이렇게 되면 애초 원금뿐만 아니라 이자에도 이자가 붙게 되겠죠? 이를 '복리'효과라고 합니다(원금에만 이자가 붙는 것은 '단리'라고 합니다). 매달 예·적금 상품에 가입해 돈을 불리는 모습이 쉬지 않고 돌아가는 풍차를 닮은 것 같죠?

풍차 돌리기의 장점

풍차 돌리기는 비교적 소액으로 시작할 수 있다는 점이 장점입니다. 저축 습관도 기르기 좋고요. 물론 한 달에 저축해

풍차 돌리기 예시

통장번호\월	1월	2월	3월	4월	5월	6월	7월	8월	9월	10월	11월	12월	1월	2월	3월	4월	5월	6월	7월	8월	9월	10월	11월	12월	만기
통장 1	10	10	10	10	10	10	10	10	10	10	10	10													120
통장 2		10	10	10	10	10	10	10	10	10	10	10	10												120
통장 3			10	10	10	10	10	10	10	10	10	10	10	10											120
통장 4				10	10	10	10	10	10	10	10	10	10	10	10										120
통장 5					10	10	10	10	10	10	10	10	10	10	10	10									120
통장 6						10	10	10	10	10	10	10	10	10	10	10	10								120
통장 7							10	10	10	10	10	10	10	10	10	10	10	10							120
통장 8								10	10	10	10	10	10	10	10	10	10	10	10						120
통장 9									10	10	10	10	10	10	10	10	10	10	10	10					120
통장 10										10	10	10	10	10	10	10	10	10	10	10	10				120
통장 11											10	10	10	10	10	10	10	10	10	10	10	10			120
통장 12												10	10	10	10	10	10	10	10	10	10	10	10		120
저축액	10	20	30	40	50	60	70	80	90	100	110	120	110	100	90	80	70	60	50	40	30	20	10		1,440

야 하는 돈이 갈수록 늘어나기 때문에 이를 고려해서 계획을 짜야겠죠. 풍차 돌리기는 번거로운 대신 안정적입니다. 예·적금을 여러 개 갖게 되니, 갑자기 돈이 필요할 때 형편에 맞춰 원하는 상품만 해지해서 사용할 수 있는 거죠. 연이율이 높은 특판 상품에 가입했는데, 돈이 조금 필요하다는 이유로 적금을 해약한다고 생각하면 아깝잖아요.

풍차 돌리기는 적은 돈으로도 누구나 쉽게 시작할 수 있고, 다달이 이자 모으는 재미까지 누릴 수 있다는 점에서 재테크를 막 시작하는 사람에게 적합합니다. 풍차 돌리기 구조를 한 번만 이해하면 계속 써먹을 수 있고요. 주식처럼 투자 상품을 고르기가 까다롭지도 않으니까요. 네이버에서 '예금'이나 '적금'을 검색하면 '예·적금 비교' 목록이 뜹니다. 우대금리 등을 고려해서 가장 높은 연이율을 받을 수 있는 상품에 가입하면 되죠.

특히 풍차 돌리기는 금리가 오르는 상황일 때 좋은데요. 연이율 5% 적금이 가장 유리하다고 생각하고 최대 적금 가능액으로 덜컥 가입했는데, 연이율 6%짜리 특판이 나올 수도 있잖아요. '조금만 더 기다렸다가 가입할걸!' 후회할 수도 있습니다. 하지만 풍차 돌리기를 하면 다음 달에 연이율이 더 높은 상품을 찾아 가입할 수 있겠죠? 반대로 말하면 풍차 돌리기는 금리가 낮아지는 시기에는 불리할 수 있어요.

선납이연이란 무엇일까

예·적금을 동시에 활용하는 '선납이연'이라는 고급 스킬도 있습니다. 매달 넣어야 할 적금을 일찍 넣는 것을 '선납', 늦게 넣는 것을 '이연'이라고 합니다. 일반적으로 적금은 정해진 날짜보다 늦게 입금하면 만기가 밀리거나 이자를 덜 받는 불이익이 있는데요. 일부 적금에서는 늦게 입금하는 만큼, 이후에 납입할 금액을 일찍 내면 불이익을 주지 않습니다(단, 약관을 꼼꼼히 살펴야 합니다).

쉽게 말해 일부 금액은 미리 넣고 일부 금액은 나중에 넣어도, 매달 일정 금액을 제때 적금에 넣는 것과 같은 이자를 받을 수 있다는 뜻입니다. 미리 넣어야 하는 금액이 있는 만큼, 여윳돈이 조금 있는 상태에서 고금리 특판 적금이 나왔을 때 사용하면 좋은 재테크 방법입니다.

선납이연 관련 약관

선납이연이 가능한 상품은 약관에 다음과 같은 조항이 있습니다. "은행은 거래처의 요청에 따라 총지연일수에서 총선납일수를 뺀 순지연일수에 대해 계약일 당시 영업점에서 게시한 입금지연이율로 셈한 금액을 계약금액에서 빼거나 순지연일수를 계약월수로 나눈 월평균 지연일수만큼 만기일을 늦출 수 있다(출처: 우리은행 적립식예금 약관)."

선납이연을 할 때는 약관과 납입 날짜를 신경 써야 합니다. 포털에서 '선납이연 계산기'를 검색해서 활용해보세요.

선납이연에서 많이 활용되는 '1-11' 방식을 예로 들어 설명해보겠습니다. 첫 달에 1개월 치를 넣고, 7개월 차에 11개월 치를 넣는 건데요. 첫 달을 제외하고 살펴보면, 5개월 치(2~6개월 차)를 늦게 넣고, 7개월 차는 제때 넣고, 나머지 5개월 치(8~12개월 차)는 빨리 넣는 셈이 되죠. 뒤 5개월 치가 선납되고, 앞 5개월 치가 이연되면서 선납이연이 맞춰지게 됩니다. 이 방법을 활용하면 5개월 치(2~6개월 차)를 제때 적금에 넣지 않는 대신 단기 예금에 넣어둘 수 있습니다.

이렇게 하면, 적금이자는 적금이자 대로 받고 단기 예금에 넣어둔 돈으로 예금이자까지 챙길 수 있습니다. 목돈 1,200만 원이 있다고 가정해봅시다. 1,200만 원을 연이율 4% 예금에 1년간 넣어두면 이자는 48만 원입니다. 연이율이 5%인 적금과 함께 '선납이연'을 한다면 적금 첫 달에 1개월 치(100만 원)를 넣게 되죠.

이 100만 원을 제외하면 7개월 차 납입일이 될 때까지 1,100만 원을 자유롭게 굴릴 수 있는데요. (주식에 넣어도 되고 다른 투자처를 찾아도 됩니다. 하지만 이번 편에서는 상대적으로 안전한 상품인 예·적금으로 한정하겠습니다.) 11개월 치(1,100만 원)를 6개월간 연이율 4% 예금에 넣으면 이자 22만 원을 얻습니다. 적금 7개월 차에 예금에서 만기된 1,100만 원을 넣으면 적금 이자 325,000원을 받을 수 있는 '선납이연'이 완성됩니다. 선납이연 방식으로 얻는 이자는 545,000원으로 예금만 활용한 방식보다 이자 65,000원을 더 받을 수 있습니다.

선납이연 방식은 예·적금 연이율 차이가 클수록 효과가 있습니다. 예·적금 연이율 차이가 1%포인트 더 난다고 가정해볼게요. 1,200만 원을 연이율 3%인 예금에만 1년간 넣어둔다면 이자는 36만 원입니다. '연이율 5% 적금＋연이율

3% 예금' 조합으로 1-11 선납이연을 돌렸을 때 받을 수 있는 이자(49만 원)와 13만 원 차이가 납니다. 예·적금 이자가 1%포인트 차이 날 때보다 2%포인트 차이 날 때 선납이연 방식이 더 유리하다는 점을 알 수 있죠. 적금 금리가 예금 금리보다 높을수록 선납이연 효과가 커지는 겁니다.

주차하듯 잠시 돈을 맡겨두는 파킹통장

선납이연으로 목돈을 굴릴 때는 6개월짜리 예금뿐 아니라 고금리 '파킹통장'을 이용할 수도 있습니다. 보통의 수시입출금통장은 이자가 거의 없는데요. 자유롭게 입출금이 가능하고 이자를 많이 주는 통장을 파킹통장이라고 합니다.

　시중 은행의 연이율이 2%대라면, 파킹통장은 3%대 연이율을 적용하는 식인데요. 최고 연이율이 적용되는 한도가 비교적 낮게 설정돼 있어 큰돈을 넣기는 어렵습니다. OK저축은행의 파킹통장 'OK짠테크통장'은 최고금리가 6.5%인데요. 이렇게 보면 어마어마해 보이지만, 이 금리는 50만 원 이하에만 적용됩니다. 50만 원을 초과하면 2.5%가 적용돼요. 여러 금융사에 파킹통장을 만들어 돈을 분산하는 전략이 나오는 이유입니다.

'단기간 다수 계좌 개설 제한 제도'란?

금융사들은 한 금융사에서 입출금 계좌 개설 후 주말·공휴일을 제외하고 20일이 지나야 다른 금융사에서 새로운 입출금 계좌를 만들 수 있도록 합니다. 금융 사기를 막기 위해서인데요. 예테크족은 이를 '20일의 감옥'이라고 합니다. 제도 대상은 입출금 계좌이지만, 대부분 금융사에서 예·적금을 개설할 때 입출금 계좌가 필요하기 때문에(만기된 예·적금을 이체할 통장이 있어야겠죠?) 무작정 입출금 계좌를 개설하면 고금리 예·적금 상품에 가입할 수 없게 발이 묶일 수 있죠.

세로식 저축과 가로식 저축

예·적금 상품의 고수가 되었다면 이제 저축 방식에 대해서 고민해볼 차례입니다. 저축 방식은 크게 두 가지로 나눌 수 있습니다. '세로식 저축'과 '가로식 저축'입니다. 들어보셨나요? 보통 우리가 흔히 알고 있는 '한 가지 목적에 집중해 돈을 모으는 방식'을 세로식 저축이라고 합니다.

예를 들어 생애 목표가 결혼, 출산, 은퇴인 사람이 있다고 해보겠습니다. 매달 100만 원을 저금할 경우, 세로식 저축을 하면 100만 원씩 몇 년을 모아 결혼 자금을 만들고, 이후에 다시 돈을 모아 양육 자금을 만들고, 아이를 키운 다음에는 새롭게 돈을 모아 노후 자금을 마련하게 됩니다.

가로식 저축은 어떨까요? 목표를 정하고 이를 단기·중기·장기로 나눠 한 번에 저축을 시작합니다. 100만 원 가운데 50만 원은 결혼 자금, 30만 원은 양육 자금, 20만 원은 노후 자금 이런 식으로요. 하나를 해결하면 다른 목표에 그 비중을 나눕니다. 결혼을 하면 양육 자금 저축을 70만 원으로, 노후 자금 저축을 30만 원으로 늘리는 거죠. 가로식 저축의 장점은 한 번에 여러 목표를 준비할 수 있다는 겁니다.

가로식 저축을 제대로 이행할 경우 세로식 저축보다 이자를 더 얻을 수 있습니다. 저축 기간이 긴 상품이 있는 만큼 복리 효과를 볼 수 있기 때문인데요. 한 달에 100만 원을 10년 동안 각각 세로식 저축, 가로식 저축으로 넣는다고 계산해볼게요(연이율 2.5%, 세전으로 살펴보겠습니다).

세로식 저축은 매달 100만 원을 적금하고 1년 뒤 만기를 10회 반복하는 겁니다. 1년 만기 후 얻는 금액(약 1,216만 원)에 10회를 곱하면 약 1억 2,162만 원을 최종적으로 얻게 됩니다.

가로식 저축을 볼까요. 매달 20만 원을 1년 만기, 30만 원을 5년 만기, 50만 원을 10년 만기 상품에 넣으면 첫 번째 상품은 만기를 10회, 두 번째 상품은 2회, 세 번째 상품은 1회 맞게 됩니다. 10년 후에는 각각 약 2,432만 원, 약 3,828만 원, 약 6,756만 원을 얻게 되는데요. 다 합하면 1억 3,017만 원으로 세로식 저축보다 무려 약 855만 원이 더 많습니다. 매달 적금하는 돈은 같은데 방식에 따라 이렇게 금액 차이가 나는 겁니다.

하지만 가로식 저축이 무조건 좋은 것도, 세로식 저축이 나쁜 것도 아닙니다. 세로식 저축은 돈을 모은다는 성취감을 얻을 수 있다는 게 장점이에요. 때마다 만기된 적금을 받으며 다음에도 돈을 모을 의지를 다질 수 있죠. 가로식 저축과 달리 분명한 계획이 없어도 실행할 수 있고요. 가로식 저축을 하려면 인생 계획을 꼼꼼하게 짜야 하거든요. 장기 적금 상품을 만기까지 유지하려면 월 납입액이 어느 정도가 적당한지 따져봐야 하니까요.

제1금융권, 제2금융권은 뭐가 다를까

은행도 다 같은 은행이 아니라는 걸 알고 계신가요? KB국민은행과 OK저축은행은 둘 다 뒤에 '은행'이 붙지만 전혀 다르게 분류됩니다. '제1금융권' '제2금융권'이라는 용어를 뉴스에서 가끔 들어봤던 기억이 납니다. 부끄럽지만 경제에 관심을 두기 전까지는 정확한 차이를 몰랐어요. '제1금융권은 좋고, 제2금융권은 나쁘다'라는 느낌적인 느낌만 있었습니다.

하지만 제1금융권과 제2금융권은 각자의 역할이 있기 때문에 제1금융권보다 제2금융권이 나쁘다고 단정 지을 수는 없습니다. 우선 해당 용어가 나온 배경부터 알아볼게요. 금융기관이 워낙 많다 보니, 언론이나 공공기관에서는 비슷한 특성을 가진 금융사를 하나로 묶어서 부르면 편하겠다고 판단했습니다. 제1·2금융권은 그렇게 생긴 명칭이에요. 공식 용어는 아니지만 많은 곳에서 쓰이고 있기 때문에 경제 관련 정보를 정확히 이해하기 위해서는 꼭 알아둘 필요가 있습니다.

제1금융권의 특징

각각의 특징을 알아볼게요. 제1금융권은 쉽습니다. 우리가 알고 있는 은행 대부분이 여기에 속합니다. KB국민은행, 신한은행, 하나은행, 우리은행 등 4대 시중은행을 비롯해서 케이뱅크, 토스뱅크, 카카오뱅크 같은 인터넷 은행도 포함돼요. 또 부산은행, 광주은행, 제주은행 같은 지방은행도 속해 있습니다. 씨티은행, SC제일은행 같은 외국계 은행과 특수은행도 제1금융권에 속하고요.

제1금융권은 예·적금, 대출, 외환거래, 신용카드 발급,

펀드·채권 거래 등 다양한 금융서비스를 폭넓게 제공합니다. 주택청약종합저축은 제1금융권에서만 가입할 수 있어요. 신생아 특례대출이나 버팀목 전세자금대출과 같은 정책상품도 제1금융권에서만 이용할 수 있어요.

특수은행이란?

일반은행 역할에 더해 설립 목적에 따른 '특별한' 업무를 함께 하는 은행을 말합니다. 일반은행만으로는 돈을 충분히 공급받을 수 없는 분야에 특화돼 있죠.

NH농협은행은 농민, Sh수협은행은 해양·수산인 자금 지원이 목적입니다. 한국산업은행은 산업자금, 한국수출입은행은 수출입·해외 투자 자금, IBK기업은행은 중소기업자금 지원에 집중합니다.

제2금융권의 특징

제2금융권은 은행을 제외한 나머지 금융사를 말합니다. 증권사·보험사·카드사·캐피탈을 비롯해 저축은행, 상호금융사(새마을금고·농협·수협·신협·산림조합) 등이 제2금융권입니다. 제2금융권은 제1금융권보다 취급하는 상품이 적습니다. 각 금융사의 특성에 맞는 금융 서비스를 제공해요.

가장 헷갈리는 부분이 '저축은행'의 분류일 거예요. 이름에 제1금융권처럼 '은행'이 포함돼 있어 제1금융권으로 착각하기 쉽죠. 하지만 '저축은행'은 법적으로 은행이 아니라 제2금융권에 속합니다. 은행과 비교해 제공할 수 있는 서비스가 제한적이죠. 외환 서비스를 못하는 게 대표적이고요. 예·적금을 판매를 통해 돈을 모으고(수신) 그 돈을 대출하는(여신) 업무를 한다는 점에선 비슷합니다. 전국에 79곳이 있어요.

제1금융권? 제2금융권?

NH농협은행: 제1금융권
지역농협: 제2금융권

Sh수협은행: 제1금융권
회원수협: 제2금융권

이름에 '은행'이 들어가 있다면 제1금융권입니다. 단, '저축은행'은 예외라는 점 기억하세요.

제1금융권의 대출 이자가 더 저렴한 이유

금융 소비자 입장에서 가장 두드러지게 느낄 제1금융권과 제2금융권의 차이는 '금리'입니다. 같은 돈을 빌려도 제2금융권보다 제1금융권에서 대출받을 때 이자가 더 저렴합니다. 이자를 더 내고 싶은 사람은 없죠. 그럼 모두 제1금융권에서 대출을 받을까요? 그건 아닙니다. 신용점수가 낮거나 소득 증빙이 어려워 제1금융권에서는 돈을 빌리기 힘든 소비자가 있어요. 제2금융권은 이런 고객을 대상으로 돈을 빌려줍니다. 대신, 대출금 상환이 되지 않을 가능성이 상대적으로 높으므로 이를 대비하기 위해 더 높은 금리를 부과합니다.

제2금융권 대출금리가 높은 이유는 또 있어요. 제1금융권의 경우, 제2금융권보다 대규모 자금을 안정적으로 조달할 수 있어요. 규모가 큰 기업예금을 받거나, 다른 금융사와 대출 거래도 하거든요. 하지만 제2금융권은 이보다 작은 규모로 운영되기 때문에 제1금융권보다 비싼 이자를 주고 돈을 조달합니다. 그러니 대출금리도 제1금융권보다 비싸지는 거죠.

과거에는 제2금융권에서 대출을 받으면 신용점수가 크게 하락했지만, 지난 2019년부터 제도가 개선됐습니다. 제2금융권에서 대출을 받았다는 이유로 신용점수가 낮아져 향후 금리나 대출한도에서 불이익을 받는다는 것은 불합리하다는 목소리가 있었던 거예요. 2019년부터는 제2금융권을 이용했더라도 대출금리를 낮게 적용받았을 경우에는 신용점수가 적게 하락하도록 개선됐습니다.

제2금융권 대출 이력이 신용점수에 부정적인 요소로 작용할 수는 있어요. 제1금융권에서 돈을 빌리기 어려운 신용상태라고 해석될 수 있기 때문입니다. 하지만 한도만 조회한다면 신용점수가 차감되지 않습니다.

제2금융권의 고금리 특판을 이용하자

제2금융권에 고객이 예금했을 때는 제1금융권보다 이자를 더 받을 수 있습니다. 재테크 카페 등에서 반짝 유행했다 사라지는 '고금리 특판'은 주로 제2금융권, 특히 상호금융사(새마을금고·농협·수협·신협·산림조합)에서 자주 시행됩니다.

상호금융사는 조합원, 해당 지역 주민을 대상으로 금융 서비스를 제공해요. 지역 단위로 되어 있다 보니, 영업점별로 금리가 다릅니다. 자금이 필요할 때마다 지역 단위에서 자체 특판을 만들어 판매하는 형태예요. 그래서 상호금융사 특판은 게릴라성으로 잠깐 열렸다가 닫히는 경우가 많아요. 개인이 일일이 챙길 수 없다 보니, 재테크 카페에 공유되는 특판 정보를 참고하면 좋습니다.

상호금융사에 일정한 금액(5,000원~10만 원)을 출자금으로 내고 조합원(준조합원)으로 가입하면, 1인당 3,000만 원까지(취급기관 합산) 예탁금에 대한 이자소득(14%)이 비과세됩니다. 농어촌특별세 1.4%만 부담하면 됩니다. 예를 들어 3,000만 원을 연이율 3%, 1년 만기 정기예금에 넣었다면, 이자 90만 원을 받게 됩니다. 이 경우 저축은행은 138,600원(이자소득세+농특세, 15.4%)을 세금으로 내야 하지만 상호금융사에서는 12,600원(농특세)만 내면 됩니다.

또다른 제2금융권 고금리 상품에는 저축은행이 주로 판매하는 '회전식 정기예금'이 있습니다. 6개월, 12개월 등 특정 주기를 선택하면 해당 기간이 지나서 그 시점의 금리를 새로 적용받는 거예요.

예를 들어, 6개월 주기에 3년 만기를 선택했다면 가입 이후 6개월마다 5번의 금리를 새로 적용받게 되는 겁니다. 예금 만기 이후 재예치 하기에 번거로운데 자동으로 되는 효과가 있는 거죠. 하지만 금리가 급격하게 변할 경우 손해를 볼 수도 있는데요. 회전 주기가 오기 전에 금리가 많이 올랐어도, 주기가 왔을 시점에 금리가 떨어진다면 낮은 금리를 적용받기 때문입니다.

정리하면 예금자 보호 한도인 1억 원(이자 포함)까지는 은행, 저축은행 상관하지 않고 연이율이 높은 곳을 찾아 넣으시면 됩니다. 은행별로 예금자 보호 한도까지만 예금하는 방법이 가장 확실하겠지만, 그럴 수 없다면 제2금융권보다 제1금융권에 넣는 것이 안전합니다.

예금보험대상은 은행, 투자매매업·투자중개업의 인가를 받은 투자매매업자·투자중개업자, 보험회사, 종합금융회사, 상호저축은행인데요. 말이 좀 어려운데, 쉽게 알아보려면 예금보험공사 사이트(www.kdic.or.kr)에서 '예금자보호제도 > 보호대상 > 금융회사 > 보호대상금융회사검색'에 들어가면 됩니다. '오케이'를 검색해봤더니, 금융권역 '상호저축은행'으로 회사명 '(주)오케이저축은행'이 뜨네요. 이곳에 예금하면 원금과 이자를 합해 1억 원까지 보호를 받을 수 있다는 뜻이죠.

제3금융권이란?

제1, 2금융권에 해당하지 않지만 대출하는 회사, 즉 대부업체를 뜻합니다. '사금융'이라고도 불립니다. 제3금융권과 '불법 사채'는 엄연히 다른데요. 대부업체는 법정 최고 대출금리(연이율 20%)를 지키는 합법적인 회사입니다. '금융감독원 등록대부업체 통합조회'에 들어가보세요. 이곳에서 조회되면 대부업체고, 아니라면 불법 사채입니다.

대부업체 등록기관은 금감원과 지방자치단체 두 군데로 나뉘어 있는데요. 대부업체를 이용해야 한다면 금감원에 등록된 업체를 이용하시길 추천드립니다. 이곳에 등록되지 않은 불법 사채를 이용하면 법정 최고 대출금리를 넘어서는 이자를 물어야 할 수도 있어요. 이자가 눈덩이처럼 불어날 위험이 있죠. 만약 불법 사채를 이용하다가 고금리, 불법 채권추심 등을 당할 경우에는 금융감독원에서 운영하는 '불법사금융피해신고센터'(국번 없이 1332)에 신고하세요.

ISA 통장은
선택이 아닌 필수

"돈을 효율적으로 모으고 싶다면 ISA 계좌는 필수다."

막무가내로 돈을 쓰기만 했던 저에게 서울시 영테크 재무상담사가 해준 말입니다. 돈을 모으기 위해 중요한 세 가지는 체크카드, ISA, CMA라고요. 저축이라고 하면 예·적금이 가장 먼저 떠오르고, 위험 부담을 좀 감수하면서 돈을 불린다고 하면 주식이 생각나죠.

그런데 ISA라니, 물론 들어본 적은 있었지만 이게 '자산형성'에서 세 손가락 안에 꼽힐 만큼 중요한 줄은 몰랐습니다. 알아보니 정말 중요한 게 맞더라고요. 여러분도 재테크를 하려면 일단 꼭 ISA를 만드시길 추천드립니다. 말 그대로 '안 하면 손해'인 상품이거든요.

'만능 통장' ISA 알아보기

Individual Savings Account의 약자인 ISA는 우리말로 풀어 말하면 '개인종합자산관리계좌'입니다. 일명 '만능 통장'이라고 불려요. 펀드·ETF 등 다양한 금융상품을 계좌 하나에 담아 투자할 수 있어요. 이 계좌에서 발생하는 이자·배당 소득에는 세금 혜택을 줍니다. ISA는 2016년 정부가 도입했어요. "서민 여러분, 저금리·고령화 시대에 많이 힘드시죠? 여러분의 자산 형성을 위해 정부가 지원하겠습니다"라는 취지였어요.

ISA의 세제 혜택을 이해하려면 투자할 때 내는 세금을 알아야 합니다. 일반적으로 금융상품은 이자·배당 소득의 15.4%(지방세 포함)를 세금으로 내야 해요. 이를 '일반 과세'라고 합니다. 은행이나 증권사가 알아서 세금을 떼고 남은 돈을 주는데요. 배당금이 10만 원이면 실제 통장에는

84,600원이 들어옵니다. 1,000만 원을 연이율 10% 예금에 넣으면, 1년 뒤 실제로 받는 이자는 100만 원이 아니라 846,000원인 거죠.

ISA는 금융소득 정도에 따라 두 가지 세제 혜택을 볼 수 있는데요. '비과세(분리과세)'와 '손익통산'으로 정리할 수 있습니다. ISA 계좌에서 발생하는 이자·배당·매매차익 등 금융소득 200만 원(일반형 기준)까지는 세금을 안 내도 됩니다. 정부가 "서민 여러분, 금융소득 200만 원까지는 비과세 혜택을 드리겠습니다. 열심히 투자하세요!"라고 하는 거죠. 금융소득이 200만 원을 웃돌면 '분리과세' 혜택을 줍니다.

분리과세의 이점은 두 가지예요. 일반세율(15.4%)보다 낮은 세율(9.9%)을 적용받기 때문에 세금을 덜 냅니다. 게다가 '종합과세'되지 않는다는 장점도 있는데요. 연 금융소득이 2,000만 원을 초과하면 근로·연금소득 등과 합쳐서 누진세율을 적용하게 돼요. 이를 '금융소득 종합과세'라고 합니다. 종합과세를 적용받으면 소득이 많을수록 세율이 가파르게 올라(최고 49.5%) 세금 부담이 커집니다. 분리과세를 적용받으면 다른 소득과 합쳐 계산하지 않아 이득을 볼 수 있습니다. 말 그대로 해당 소득에 대한 세금을 다른 소득과 '분리'해서 내는 거죠.

계좌별 순이익만 과세

만약 ISA 계좌에 1,200만 원을 넣고 투자를 했는데, 수익률이 연 25%였다고 해볼게요. 1년에 투자 수익 300만 원을 얻었습니다. 일반적인 수시입출식 계좌로 투자했다면 약 46만 원을 세금으로 내고 손에 쥐는 건 254만 원이었을 거예요. 그런데 ISA로 투자했다면 얘기는 달라집니다. 200만 원은 일단 비과세 대상이니, 초과 금액인 100만 원에 대해서만 9.9% 세금을 떼죠. 99,000원을 내면 약 290만 원이 손에 남습니다. 약 36만 원의 세금을 아낀 셈입니다.

또 ISA 계좌를 이용하면 손실과 이익을 '퉁치는' 것도 가능합니다. 이를 '손익통산'이라고 합니다. 일반적으로는 A 금융상품에서 500만 원을 벌고, B 금융상품에서 500만 원을 잃었다면 투자 수익이 0원이어도 번 돈 500만 원에 해당하는 세금을 내야 합니다. 하지만 ISA로 투자했다면 계좌 안에 있는 상품들끼리 손실과 이익을 합쳐서 계산합니다. +500, -500으로 금융소득은 0원이 되고 세금은 없는 겁니다.

ISA 가입할 때 알아야 할 것들

1년에 ISA에 넣을 수 있는 돈은 최대 2,000만 원입니다. 해당 연도에 사용하지 않은 납입 한도는 다음 연도로 이월됩니다. ISA 가입 이후 3년 동안 납입한 금액이 총 2,000만 원이라면 4년째에는 기존에 납입한 금액을 뺀 6,000만 원까지 납입할 수 있습니다.

　1년에 2,000만 원, 회사원인 저에게는 충분한 한도라고 생각하는데요. 반면 돈 있는 사람이 보기에는 적을 수도 있겠습니다. ISA는 서민이 자산을 불리도록 정부가 만든 상품이어서 그렇습니다. 그래서 연 금융소득이 2,000만 원을 넘는 금융소득 종합과세 대상자는 이 상품에 가입할 수 없어요. 직전 3년 동안 한 번이라도 해당하면 가입 대상에서 제외됩니다. 2025년에 ISA 계좌를 개설하려면 2022~2024년 사이 금융소득 종합과세 대상자가 된 적이 없어야 합니다.

　또 ISA로 투자해 발생한 금융소득에서 절세 혜택을 보려면 의무가입 기간 3년을 지켜야 합니다. 만기에는 제한이 없고요. '3년 동안 자금이 묶인다니 너무 길다'고 생각하실 수도 있는데요. ISA 만기 이전이라도 납입원금 이내 금액이라면 횟수 제한 없이 인출이 가능합니다. 2년 동안 4,000만 원을 납입하고 1,000만 원의 이익이 발생했다면 4,000만 원까지는 중도인출 하더라도 세제 혜택이 유지됩니다. 다만 인출한 만큼 한도가 다시 생기지는 않습니다.

　의무가입 기간 3년이 지나기 전에 중도해지를 해야 한다면 '특별 해지 사유'에 해당하는지 살펴야 합니다. 특별

해지 사유에 해당한다면 중도해지하더라도 세제 혜택을 그대로 받을 수 있거든요. 가입자의 사망이나 해외 이주가 여기에 해당하고요. 가입자가 퇴직·폐업을 했거나, 3개월 이상 치료가 필요한 상해·질병을 입었을 때, 이를 6개월 이내 서류로 증빙할 수 있다면 특별 해지 사유로 봅니다. 천재지변이 일어나거나 금융사가 파산했을 때도 해당합니다. 계약일에서 3년이 지나지 않았는데 특별 해지 사유가 아닌 이유로 중도해지를 한다면 세제 혜택을 볼 수 없습니다. 비과세나 감면받은 세금이 모두 추징됩니다.

　ISA 가입자 수는 2025년 초 600만 명을 돌파했어요. 하나은행 하나금융연구소가 2025년 초 발간한 '대한민국 금융소비자 보고서 2025'를 보면, 응답자 5,000명 가운데 41.1%가 ISA가 무슨 상품인지 모른다고 답했어요. ISA를 알더라도 가입까지 이어진 소비자는 16%에 불과했고요. 정부에서 서민이 돈을 모을 수 있게 혜택을 준 상품 치고는 가입자가 적지 않나요? 아마 이름이 어렵고 세제 혜택 내용이 복잡하기 때문이 아닐까 추측해봅니다. 또 ISA 안에서도 종류가 나뉘기도 하고요.

　하지만 가입 조건은 까다롭지 않으니 아직 ISA가 없는 분들이라면 가입하는 것을 권합니다. 금융소득종합과세자(약 19만 명, 총인구 대비 0.4%)를 빼고, 가입일 기준 19세 이상이면 누구나 가입할 수 있어요. 15~19세라면 직전 과세기간에 근로소득이 있을 경우 가입이 됩니다.

급여·소득 등에 따라 가입할 수 있는 ISA 종류가 다릅니다. 직전연도의 총급여(5,000만 원 이하)나 종합소득 금액(3,800만 원 이하)이 기준에 맞다면 '서민형'에 가입할 수 있습니다. 직전연도 종합소득 금액이 3,800만 원 이하인 농어민이라면 '농어민형', 두 가지에 해당하지 않는 사람이라면 '일반형'으로 가입할 수 있습니다.

'일반형'과 '서민형·농어민형'은 비과세 한도에 차이가 있습니다. 일반형의 비과세 한도는 최대 200만 원, 서민형과 농어민형은 400만 원입니다. 의무가입 기간(3년)과 한도(연 2,000만 원, 최대 1억 원, 이월 가능)는 같습니다. 비과세를 초과한 금액에 대해 분리과세(9.9%) 하는 점도 동일합니다.

ISA는 1인당 하나씩만 만들 수 있기 때문에 본인이 주로 이용하는 금융사에서 만드는 게 좋습니다. 저는 친구 따라 모 증권사 앱에서 ISA를 만들었는데요. 제가 평소 쓰던 금융사 앱의 UI가 아니라 그런지 자주 들어가지 않게 되고

영 불편하더라고요.

ISA 가입 시 신경 써야 할 부분이 하나 더 있습니다. ISA는 투자 가능 상품과 투자 방법에 따라 세 가지로 나뉩니다. 일임형·신탁형·중개형인데요. '투자 경험이 없어요. 금융전문가의 판단에 맡기고 싶습니다.' 이런 사람에게 적합한 것이 '일임형' ISA입니다. 금융사에 투자를 일임하는 거죠. 금융사는 가입자의 성향을 고려해 여러 포트폴리오 가운데 하나를 선택해 투자합니다.

원금 손실 위험을 감수할 만큼 야수의 심장을 가진 가입자라면 '초고위험' 성향으로 분류되겠죠. 이 가입자에게는 '하이리스크 하이리턴(고위험 고수익)'인 상품들로 포트폴리오를 구성할 겁니다. 주식혼합형펀드 50%, 채권형펀드 30%, 주가연계증권[ELS] 20% 등이죠. 안전을 추구하는 가입자라면 '초저위험' 성향으로 분류하고 상대적으로 원금 보장 가능성이 높은 채권형 펀드 60%, 채권혼합형 펀드 40% 등으로 포트폴리오를 구성하겠죠.

자신의 투자성향보다 높은 위험등급의 포트폴리오로는 가입할 수 없습니다. 금융사에 투자를 맡긴 만큼 금융사는 가입자의 지시가 없어도 자산의 수익성과 안전성을 평가해서 분기에 1회 이상 포트폴리오 상품을 재조정합니다. 다만 아무리 초저위험 성향이라도 예금이 아닌 펀드나 ETF로 운용한다면 원금 손실 위험이 있다는 점을 주의해야 합니다.

'신탁형'과 '중개형'은 가입자가 직접 투자상품을 선택할 수 있다는 점이 같습니다. 다만 투자 상품 종류에 차이가 있어요. 예·적금을 하고 싶다면 신탁형을 이용하면 되고요. '국내' 상장주식 투자를 하고 싶다면 중개형에 가입하면 됩니다. (중개형 ISA로 해외주식에 직접 투자하는 것은 불가능하지만, 국내에 상장한 해외 ETF 등에는 투자가 가능합니다.) 투자 상품 종류가 다르다 보니, 가입기관도 다릅니다. 신탁형은 은행, 중개형은 증권사에서 가입할 수 있습니다.

ISA 상품 유형별 비교

	일임형	신탁형	투자중개형
투자 방법	금융사의 설계	가입자가 운용 지시	가입자가 직접 운용
공동 투자 상품	펀드(ETF), 리츠(부동산투자신탁), 주가연계증권(ELS), 환매조건부채권(RP) 등		
특징	투자 성향별 포트폴리오 투자	예·적금 투자에 적합	국내 주식 투자 가능 (중개형은 증권사에서만 가입)
수수료	일임형 > 신탁형 > 투자중개형		

ISA 꿀팁

여기까지 잘 따라오셨다면 ISA를 조금 더 유용하게 사용할 수 있는 팁을 알려드릴게요. 만약 3년간 투자 수익이 일반형 기준 200만 원(서민형·농어민형 400만 원)이 넘었다면, 기존 ISA를 해지하고 재가입하는 게 더 이득입니다. 200만 원 비과세 혜택을 '리셋하고' 다시 누릴 수 있기 때문이죠. 하지만 그 사이 금융소득종합과세 대상자(연 금융소득 2,000만 원 이상)가 됐다면 ISA를 계속 유지하는 게 좋겠죠? 조건에 따라 재가입이 불가능 할 수도 있으니까요.

그래서 ISA 가입 시 '앞으로 내가 금융소득종합과세 대상자가 될 것 같다'면 만기를 최대한 길게 설정하는 것도 방법입니다. ISA에 가입 후에 금융소득종합과세 대상자가 되더라도 ISA 계좌가 해지되거나 세제 혜택이 박탈되는 건 아니니까요.

또, ISA 만기자금은 연금저축이나 IRP로 이전할 수 있는데요. 연금저축이나 IRP를 이용하면 '내가 내야 할 세금' 가운데 일부를 깎는 '세액공제' 혜택을 받을 수 있어요. ISA에서 금액을 이전할 경우 최대 300만 원에 대해 추가로 세액공제 받을 수 있습니다.

정부는 ISA 비과세 한도를 일반형 기준 500만 원(서민형·농어민형 1,000만 원)까지 늘리고 납입 한도도 연간 2,000만 원(총 1억 원)에서 연간 4,000만 원(총 2억 원)으로 확대할 계획이라고 해요. 그렇게 된다면 ISA로 얻을 수 있는 혜택이 더욱 커지겠죠?

4장에서는 본격적인 '투자'에 대해 다룹니다. 돈을 모으는 법을 배웠다면 이제는 투자를 해봐야겠지요. 투자가 처음인 분들, 투자에 대한 막연한 두려움을 가진 분들을 위해 주식 투자, CMA 통장, ETF, 환테크에 대해서 쉽게 알아보겠습니다.

4장

돈은 어떻게 불리나요?

주식의 '주'도 모른다면 개념부터 잡고 가자

지금까지는 내 월급을 잘 지키고 안전하게 불리는 방법에 대해 알아봤어요. 스포츠로 치면 수비하는 법을 배운 셈이에요. 하지만 어느 정도 목돈이 모였다면, 이제는 예금과 적금에 가입하는 데서 한걸음 나아가 투자를 고려해볼 수 있어요.

금융상품과 금융투자상품의 차이

앞서 예금과 적금은 은행에 돈을 빌려주는 대가로 이자를 받는 거라고 설명했죠? 그렇기에 원금 손실의 위험이 없습니다. 은행이 망하지 않는 이상 돈을 떼어먹을 일은 없기 때문이죠. 이렇게 원금 손실 위험이 없는 계약을 금융상품이라고 합니다. 사회 초년생이 눈덩이 굴리듯 목돈을 모을 때 좋은 저축 수단이죠.

반면, 금융상품이라는 말 가운데 '투자'가 들어가면 얘기가 완전히 달라집니다. 재테크에서 말하는 투자는 내 돈을 금융투자상품에 넣는다는 거예요. 금융투자상품을 구입한다고 이해하셔도 됩니다.

주식은 대표적인 금융투자상품이에요. 금융상품과 금융투자상품의 차이를 눈치채셨나요? 투자라는 말이 시사하듯 금융투자상품은 원금 손실의 위험이 있습니다. 내가 1,000만 원으로 예금에 가입하면, 이자가 아무리 낮다고 한들 만기 때 손에 쥐는 돈이 1,000만 원보다 적어질 가능성은 없습니다. 하지만 주식에 1,000만 원을 투자하는 경우, 투자 결과 내가 손에 쥐는 돈이 1,000만 원보다 적어질 가능성이 있죠. 최악의 경우 한 푼도 건지지 못하는 상황이 벌어질 수도 있습니다.

이렇게만 들으면 '절대 주식 투자는 하지 말아야지'라는 생각이 들 법도 합니다. 주식 투자하다 패가망신했다는 얘기도 심심찮게 들리고요. 물론 투자를 모두가 꼭 해야 하는 건 아닙니다. 투자가 수반하는 원금 손실 위험을 부담하고 싶지 않다면 예·적금으로만 안전하게 돈을 모아도 됩니다.

다만 단순히 투자에 대한 지식이 없어서 막연한 두려움에 이런 결론을 내리지는 않으셨으면 좋겠어요. 투자가 무엇이고, 투자를 통해 내가 얼마나 더 빨리 많이 돈을 불릴 수 있으며, 그 대신 감당해야 할 위험은 어느 정도인지, 스스로 판단해 결정을 내린 결과로 투자를 하지 않을 수는 있습니다. 하지만 잘 몰라서 두려우니까 투자를 피하는 건 너무 아쉽지 않을까요? 내게 주어진 하나의 가능성을 포기해 버리는 거니까요.

조금씩 경제 관련 책도 읽고, 뉴스도 보면서 시각을 키우다 보면 내 앞에 놓인 투자 기회와 위험에 대해 판단할 수 있게 될 거예요. 은행 이자보다는 더 벌고 싶지만 투자는 아직 두렵다면, 지금부터 찬찬히 투자에 대해 알아보도록 해요. 내 앞에 펼쳐진 기회와 위험이 무엇인지 살펴보는 거죠.

주식 개념 이해하기

우선 주식에 대해 알아볼 거예요. 이유가 있습니다. 주식은 가장 기본적인 금융투자상품이에요. 주식이 무엇인지, 주식으로 어떻게 돈을 벌 수 있는 건지 이해하면 주식을 재료로 만든 펀드나 ETF, 혹은 주식과 성격이 다른 채권 같은 금융투자상품을 더 잘 이해할 수 있을 거예요.

주식을 잘 몰라도 주식회사라는 말은 익숙하실 텐데요. 우리가 잘 아는 삼성전자, 현대자동차 같은 기업도 모두 주식회사입니다. 주식회사는 주식을 발행해 사업 밑천(자본금)을 마련한 회사라는 뜻이에요. 아무리 부자여도 자기 돈만으로 회사를 차리기는 쉽지 않죠. 사무실도 마련해야 하고 공장도 지으려면 큰돈이 필요하니까요. 가족이나 지인한테 돈을 빌릴 수도 있겠지만, 아무래도 한계가 있을 겁니다. 그래서 기업은 투자를 받습니다. 여기서 주목해야 하는 건 돈을 빌린 게 아니라 투자를 받았다는 점이에요. 즉, 회사가 돈을 갚을 필요가 없다는 거죠.

주식은 이렇게 내가 어떤 회사에 투자한 사실을 증명하는 증서입니다. 법적으로는 '주권'이라고도 합니다. 기업은 사업 밑천을 대준 투자자들에게 이 증서를 줍니다. 이 증서를 가진 사람은 그 회사의 주주가 돼요. 그런데 돌려받지도 못할 돈을 회사에 주고 주식을 받는 이유가 뭘까요? 이 주식으로 돈을 벌 수 있는 방법이 있기 때문이죠. 이 주식을 다른 사람에게 웃돈을 얹어 팔거나 배당을 받는 거예요.

찬찬히 설명해볼게요. 주주는 크게 두 가지 권리를 갖습니다. 회사가 사업을 통해 번 이익을 나눠 받을 권리, 즉 배당받을 권리와 주요 경영상 의사결정에 참여할 권리(의결권)입니다. 주식의 가치는 근본적으로 이 배당받을 권리에 뿌리를 둡니다. 회사가 영업을 잘 해서 꾸준히 돈을 잘 벌고 성장하면 꼬박꼬박 배당금을 받을 수 있으니 주식 자체가 금전적 가치를 갖게 되는 겁니다.

만약 회사가 주주들이 투자한 돈(자본금)을 잘 활용해 계속 돈을 더 많이 벌면, 주주들이 받는 배당금도 갈수록 커질 겁니다. 그런데 내가 주식을 산 회사가 망하면 어떻게 될까요? 회사에 돈을 빌려준 게 아니라 '투자'한 것이기 때문에 회사가 망하면 주식 산 돈은 못 돌려받을 가능성이 매우 큽니다. 그러니 주식을 보유하는 동안은 내가 투자한 회사와 운명 공동체가 되는 셈입니다. 그렇다고 영원히 운명 공동체로 남을 필요는 없습니다. 앞서 말했듯이, 주식은 증권시장에서 다른 투자자에게 팔 수 있거든요. 주식 산 돈은 주식을 팔아야 되찾을 수 있습니다.

주가 예측은 신의 영역

주식은 금전적 가치를 가진다고 했죠? 그렇기에 시장에서 팔 수 있습니다. 주식을 시장에서 팔 수 있다는 사실은 아주 중요한 특성이에요. 주식에 금전적 가치를 부여하는 건 배당 받을 권리라고 말씀드렸는데요. 사실 주식에 더 큰 금전적 가치를 부여하는 건 이런 거래 가능성 자체입니다. 왜냐면 보통 배당보다는 시세차익을 통해 얻을 수 있는 이익이 월등히 크거든요.

국내 주식시장(코스피 기준)에서 주식을 샀을 때 평균적으로 투자자들이 1년간 기대할 수 있는 배당금은 주식 가격의 3%가 안 됩니다. 주가를 투자 원금으로 보면(엄밀히 따지면 정확하진 않겠지만 설명의 편의를 위해), 배당을 통한 수익률이 연간 3%가 안 되는 셈이죠. 시중은행 예·적금 금리보다 낮은 수준인 겁니다. 주식을 사고파는 시장이 워낙 활성화되어 있다 보니, 이 주식을 내가 산 것보다 비싼 가격에 팔 수 있다는 기대감이, 배당에 대한 기대감보다 더 큰 금전적 가치를 주식에 부여하는 게 사실입니다.

실제 주식 투자를 하는 대부분의 사람들이 시세차익에 대한 기대감으로 주식에 투자합니다. 여느 거래와 마찬가지로 주식 가격도 사려는 사람이 많으면 오르고, 팔려는 사람이 많으면 내립니다. 회사가 앞으로 돈을 잘 벌고 성장할 것 같으면 사려는 사람이 많아져 주가가 오릅니다. 1년이라는 기간을 잡고 봤을 때 주식이 예금 금리보다 높은 수준의 상승률을 보인다면, 예금에 가입하는 것보다는 주식에 투자하는 게 이득이겠죠?

문제는 주가를 예측하는 일이 쉽지 않다는 데 있습니다. 주가를 좌우하는 요인이 너무 다양하고 다층적이기 때문이죠. 어느 회사의 주가는 그 회사의 실적뿐 아니라 환율, 금리 등 거시 경제적 요인이나 정부 정책, 지정학적 갈등 등 정치적 사건들에 의해서도 움직입니다. 여기에 투자자 심리까지 더해지죠. 주가 예측을 신의 영역이라고 하는 이유입니다. 그래도 주식 투자자들은 주식을 사고팔 최적의 타이

밍을 잡기 위해 투자한, 혹은 투자할 회사와 관련된 정보를 열심히 찾아봅니다. 주가의 바닥과 천장을 예측하긴 어려워도 오르고 내릴지 여부 정도는 가늠해보기 위해서죠.

코스피 vs 코스닥 vs 코넥스

이쯤 되면 궁금해집니다. 주식을 대체 어디서 사고파는 걸까요? 주식을 사고파는 시장이 있어요. (전산을 통해 거래가 이뤄지기 때문에 눈에 보이는 실물 시장이 있는 건 아니지만요.) 이 시장을 흔히 '증시'라고 해요. 증권시장의 줄임말입니다. 주식이나 채권처럼 재산상 권리를 증명해주는 증서를 유가증권이라고 하는데, 주식이 대표적 증권이다 보니 주식을 거래하는 주식시장을 증시라고들 해요.

국내 주식시장에서 살 수 있는 주식이 얼마나 많은지 혹시 짐작 가시나요? 2025년 2월 7일 기준 2,800개가 넘습니다. 이 주식들은 발행 회사의 사업 밑천이나 매출 규모 등에 따라 세 개의 다른 시장에서 나뉘어 거래됩니다.

한국을 대표하는 주식시장은 단연 유가증권시장입니

다. 코스피 시장이라고 불리는 증시가 바로 이 유가증권시장입니다. 시가총액 기준 시장 규모가 2,000조 원에 이릅니다. 이 시장에서 주식을 판매하는 기업들의 기업가치가 2,000조 원에 이른다는 얘기입니다. 어마어마하죠? 삼성전자처럼 우리가 이름을 아는 대부분의 대기업 주식은 이 시장에서 거래돼요.

코스닥 시장은 성숙 단계의 중소기업 주식이 많습니다. 에스파 등 유명 아이돌을 기획한 연예기획사 SM엔터테인먼트도 코스닥 상장 주식입니다. 코넥스 시장은 이보다 더 초기 중소기업 위주예요. 세 시장에서는 누구나 쉽고 공정하게 주식을 사고팔 수 있습니다. 한국거래소라는 기관이 시장의 심판이자 경찰 같은 역할을 해주기 때문이죠. 한국거래소가 관리자 역할을 하는 이 세 개 시장을 묶어 장내시장이라고 합니다.

주식 상장은 어떻게 진행될까

아무 기업이나 장내시장에서 주식을 팔 수 있는 건 아닙니다. 장내시장에서 일반 투자자들이 주식을 살 수 있도록 내놓는 걸 주식을 '상장한다'고 하는데요. 주식을 상장하려면 우선 한국거래소의 깐깐한 심사를 통과해야 합니다. 가령 유가증권시장에서 주식을 상장하려면 3년 동안 정상적으로 영업했고, 최근 3년 연속 매출이 200억 원 이상이면서 직전 사업연도 매출이 300억 원 이상이어야 합니다. 안정적으로 계속 회사를 운영하며 돈을 버는 검증된 기업만 이 시장에서 주식을 팔 수 있단 뜻이죠.

또, 장내시장에서 주식을 팔고 싶은 기업은 투자자가 알아야 할 기업과 관련된 정보를 모든 투자자가 볼 수 있게 투명하게 공개해야 합니다. 이를 기업공개[IPO]라고 해요. 기업 입장에서는 자신들이 뭘 파는 회사고, 현재 자금 사정은 어떤지, 가계부를 낱낱이 보여주면서 자기 회사 주식을 사라고 투자자를 설득해야 한다는 뜻이죠. 기업공개 후에도 분기별로 돈을 벌었다면 얼마나 벌었는지, 손해를 봤다면 얼마나 봤는지 모두가 볼 수 있도록 보고서 형태로 제출해야 합니다.

이런 검증 절차를 거치지 않은 기업도 주식을 팔 수 있는 시장이 있는데요. 바로 장외시장입니다. 주식회사라고 반드시 상장사라는 법은 없어요. 증시에 주식을 상장하지 않은 비상장 주식회사도 많습니다. 이런 기업들도 투자자를 구하기 위해 주식을 팔고 싶어하겠죠? 이렇게 한국거래소 등의 심사를 거치지 않은 비상장 기업들의 주식이 장외시장에서 거래됩니다. 토스(비바리퍼블리카), 컬리, 두나무 등의 주식이 대표적이죠. 장내시장과 달리 기업 관련 정보를 구하기가 쉽지 않은 데다가 주식 가격 변동성도 큰 편이지만, 향후 상장되면 주식값이 크게 될 거라는 기대에 투자가 이뤄지곤 합니다.

 기업 입장에서는 주식 상장에 따르는 여러 가지 번거로움과 부담에도 불구하고 주식을 상장하고 싶어합니다. 주식을 상장한 기업을 상장사라고 하는데요. 상장사가 되면 대규모로 자금을 조달하기가 수월해지기 때문이죠. 언제든 새로 주식을 발행해 판매할 수 있으니까요. 투자자 입장에서도 한국거래소의 규정을 만족하고 심사를 통과한 기업 주식이 아무래도 장외주식보다는 더 믿을 만하다고 여기겠죠. 그러다 보니 잠재적 투자자가 장내시장에 훨씬 더 많고, 더 많은 자금을 조달하고 싶은 기업도 장내시장에서 주식을 팔고 싶어하게 되는 거고요.

이렇게 우여곡절을 거쳐 기업이 증시에 처음 내놓는 주식을 '공모주'라고 합니다. 주식 살 사람을 공개모집하기에 이런 이름이 붙었어요. 공모주를 사려면 상장 전에 청약을 통해 물량을 배정받아야 살 수 있습니다. 핸드폰 신제품을 예약 주문받는 것과 크게 다르지 않아요. 상장 후 주가가 오를 것 같은 기업 공모주 청약에는 사람이 몰리곤 합니다. 내가 산 가격보다 높게 팔 수 있을 거란 기대감 때문이죠.

코스피 지수란 무엇일까

주식 시장 참여자들은 분위기를 중요하게 생각하곤 해요. 개인 투자자는 물론이고 상장을 준비하는 기업들 역시 시장 분위기를 살피며 상장 시점을 결정하죠. 그럼 뭘 봐야 시장 분위기를 알 수 있을까요? 가장 직접적인 지표는 바로 주가지수입니다. 코스피와 코스닥 지수가 대표적 주가지수죠.

코스피는 'Korea Composite Stock Price Index', 즉 한국종합주가지수의 줄임말인데요. 유가증권시장에 상장된 모든 기업의 주가 추이를 가늠할 수 있도록 만든 지표입니다.

코스피가 오르면 증시 전반적으로 주가가 오르는 분위기인 것이고, 코스피가 내리면 주가가 하락하는 분위기라고 보시면 돼요.

그런데 코스피를 검색해 찾아보면 아시겠지만, 코스피의 단위는 금액이 아니라 포인트입니다. 보통 2,000포인트 중후반을 왔다갔다 하죠. 이게 무슨 뜻이냐면 '유가증권에 상장된 전체 기업의 시가총액이 기준 시점(1980년 1월 4일) 대비 20배 이상 커졌다'는 뜻이에요.

아, 뭔가 복잡하죠? 괜찮습니다. 가만 뜯어보면 별거 아니거든요. 우선 시가총액이 대체 무슨 말일까요? 시가라는 건 어떤 주식의 현재 가격을 뜻해요. 시가총액은 어떤 기업이 현재까지 발행한 모든 주식을, 현재 주가인 시가로 계산한 값이에요. 발행주식 수에다가 현재 주가를 곱하면 그게 그 기업의 시가총액인 것이죠. 흔히 시가총액은 시장에서 평가하는 기업의 가치를 나타내는 지표로 쓰입니다. 한마디로 기업의 몸값인 셈이죠.

코스피는 유가증권시장에서 주식이 거래되는 기업 전체의 시가총액이 기준 시점인 1980년 1월 4일 당시의 상장기업 전체 시가총액 대비 몇 배인지 보여줘요. 단, 기준 시점의 시가총액은 100이라고 가정합니다. 가령 현재(2025년 2월 7일 기준) 코스피는 2,521.92인데, 이는 기준 시점 대비 시가총액이 25배 늘었다는 뜻인 거예요. 이제 코스피가 오르고 내리는 뜻을 조금 더 정확히 아시겠죠? 발행 주식 수가 늘어도 시가총액은 늘어날 수 있지만, 시장 전반의 주가 변동 흐름이 코스피를 통해 드러난다고 봐도 무방합니다.

코스닥 지수란 무엇일까

코스닥 지수도 마찬가지예요. 코스닥시장에 주식이 상장된 기업의 시가총액이 기준 시점 대비 얼마나 오르고 내렸는지를 보여주죠. 다만 코스피와 기준 시점(1996년 7월 1일)이 다르고, 이때 시가총액을 1,000이라고 설정했다는 점이 다릅니다. 현재 코스닥 지수는 742.90인데요. 이게 무슨 뜻일까요? 코스닥 시장의 경우 전반적인 주가 수준이 1996년만 못한 것이죠.

 코스닥시장에 대체 무슨 일이 있는 건가 싶죠? 코스닥 지수가 기준 시점을 밑도는 건 기준 시점으로 잡은 1996

년이 닷컴버블이 한창이던 시기였던 영향이에요. 중소 IT 벤처 기업 몸값에 거품이 잔뜩 꼈을 때가 기준이다 보니, 2000년 들어 거품이 꺼지면서 코스닥 지수도 함께 내려앉은 것이죠.

코스피 급락과 시장 변동성의 의미

이런 주가지수는 시장 전체의 주가 흐름을 나타내다 보니 단 몇 퍼센트만 오르고 내려도 시장에 꽤 큰 변동이 있는 걸로 볼 수 있습니다. 2024년 8월 5일을 기억하시는지 모르겠습니다. 국내 주식에 투자하는 분들이라면 잊을 수 없는 날이었을 거예요. 월요일인 이날 코스피가 직전 거래일이던 전주 금요일 대비 8% 넘게 하락했거든요.

8%라고 하면 어떤 느낌이 오시나요? '그렇게 큰 폭의 하락인가?' 갸웃하신가요? 숫자로 얘기하면 아마 감이 오실 텐데요. 이날 코스피 시장에 상장된 주식 99%의 가격이 하락했어요. 코스피 시장 상장사 시가총액은 하루 만에 192조 원이 날아갔죠. 대강 우리나라 1년 예산의 3분의 1 정도가

하루 만에 증발해버린 거예요. 미국 경기 침체에 대한 우려 등이 여러 요인과 겹친 결과였죠. 코스피가 이 정도의 등락 폭을 보이는 건 매우 이례적인 일입니다. 보통 1% 오르면 상승, 내리면 하락했다고 보고 거의 변동 없이 그 이내에서 주가지수가 오가면 보합세를 보였다고 하죠.

개별 주식이 꼭 전체 시장 분위기와 같은 방향으로 움직이는 건 아니에요. 코스피가 올라도 어떤 주식은 내리고, 반대의 경우도 마찬가지에요. 다만, 코스피나 코스닥 지수를 통해 시장의 전반적인 분위기를 살필 수는 있습니다.

주식 투자가 처음인 당신을 위한 실전 기초

주식에 투자해보기로 마음먹었다면, 가장 먼저 할 일은 욕심을 내려놓는 일 아닐까요? 단기간에 큰돈 벌겠다는 욕심에 요행을 바랐다가는 되레 큰돈 잃기 십상입니다. 문자나 텔레그램으로 종목을 추천해주겠다며 접근하는 불법 리딩방 세력은 이런 마음을 악용하려는 사기꾼들이니 조심해야 합니다. 미리 사놓은 주식의 가격을 올리기 위해 접근하는 경우가 태반이거든요.

선의의 종목 추천도 신중히 따져봐야 합니다. 하물며 전문가도 주식 투자로 늘 수익을 내지 못하는데, 누군가의 말만 듣고 내가 잘 모르는 주식에 덜컥 투자해서는 안 됩니다. 누구에게나, 언제나 들어맞는 투자의 정답은 없기에 주식 투자를 할 때는 나만의 원칙과 방법을 찾아가야 합니다. 혹여 손실을 보더라도 돈만 잃는 게 낫지, 화병이 나 건강까지 잃으면 안 되잖아요.

주식 투자에 필요한 원칙

투자의 원칙이나 방법이라고 하니 뭔가 거창하게 들리지만 그렇지도 않습니다. 제 경우 아주 단순한 몇 가지 원칙을 지키면서 주식 투자를 하는데요. 일단 첫 번째 원칙은 절대로 빚을 내서 투자하지 않는다는 것입니다. 주식은 원금 손실 위험이 있는 만큼, 여윳돈으로 하는 거죠.

여윳돈의 전부를 주식에 투자하는 것도 아닙니다. 절반은 적금에 넣거나 채권에 투자하고, 절반은 주식 등에 투자합니다. 이 돈의 절반 정도는 장기적으로 우상향할 가능성이 크다고 생각하고 단기 등락폭이 작은 ETF에 넣고요. 그러니 여윳돈의 25% 정도만 개별 종목에 투자하는 셈이죠.

두 번째 원칙은 '단타'를 치지 않는 겁니다. 시시각각 변하는 주가를 지켜보며 주식을 사고파는 걸 소위 단타 친다고 하는데요. 제 경우 현실적으로 아침 9시부터 오후 3시 30분까지 주식 차트만 지켜보고 있을 수 없기 때문에 이런 접근은 포기했습니다. 현생이 더 중요하니까요. 또, 수익률도 너무 자주 사고팔면 오히려 오랫동안 갖고 있는 것보다 못할 수 있다는 사실이 여러 분석을 통해 확인된 바 있고요.

세 번째 원칙은 어떤 종목에 관심을 갖게 되더라도 약간의 숙려 기간을 두는 것입니다. 이 주식을 사도 될지, 언제 들어가는 게 좋을지 간을 보는 거죠. 그러는 동안 적어도 그 회사의 2개년치 사업보고서와 실적발표 자료, 증권사 리포트 두어 개와 최근 나온 관련 기사 정도는 훑어보려고 노력합니다. 매번 그러지는 못하지만 눈에 띄는 위험 요인은 없는지 정도는 미리 살펴보려는 거죠.

네 번째 원칙은 과도한 분산 투자는 하지 않는 것입니다. 가뜩이나 투자금이 크지도 않은데, 이 돈을 얇고 넓게 너무 많은 종목(개별 주식을 종목이라고 합니다)에 투자해서는 유의미한 수익을 거두기 쉽지 않다는 걸 경험으로 깨달았기 때문이죠.

그 외에도 세세하게는 미국 주식에 투자할 돈은 환율이 낮을 때 미리 달러로 바꿔두려 한다든가, 최근 3개월 주가 대비 일정 퍼센트 이상 올랐으면 파는 식으로 나름의 기준과 방법을 가지고 투자를 하고 있습니다. 이런 기준이나 원칙은 사람마다 다를 수밖에 없으니 나름의 정답을 찾아가는 게 중요해요. 저도 아직 초보 투자자에 불과해, 배우면서 나름의 기준을 정립해가는 중이고요. 어쨌든 중요한 건, 내가 감당할 수 있는 만큼의 위험만 감수하는 것임을 잊지 마세요.

주식 거래할 증권사 고르기

마음의 준비가 되셨다면 가장 먼저 할 일은 내가 거래할 증권사를 고르는 거예요. 이때 중개수수료를 따져보는 게 좋습니다. 소액 투자할 때야 큰 상관이 없지만, 투자 금액이 커질수록 수수료 부담도 따라 커지기 때문이죠.

거래 수수료는 주식을 살 때와 팔 때 모두 내야 해요. 특히 팔 때는 손해를 보고 팔았더라도 수수료는 내야 하죠. 거래 금액 대비 일정 비율을 가져갑니다. 주식이나 채권 시장에서 개인은 직접 거래에 나설 수 없고 반드시 증권사를 통해서만 주문을 접수하고 대금을 치를 수 있기 때문이에요. 거래를 중개해주는 대가로 증권사는 수수료를 가져가는 거죠.

증권사마다 요율도 제각각이고, 거래 실적 등에 따라 개인 차이도 있어요. 또 국내 주식보다 해외 주식 중개수수료가 더 비쌉니다. 보통 국내 주식 중개수수료가 0.1% 안팎이라면 해외 주식 수수료는 0.3% 안팎이죠. 증권사마다 사이트를 통해 매매수수료를 밝히고 있으니 몇 개 회사를 골라 수수료를 비교해보면 좋겠죠. 할인 이벤트가 열리는 때를 노리면 수수료 부담을 줄일 수도 있습니다.

다만 나중에 내 주식을 그대로 다른 증권사로 옮기는 것도 가능하니 너무 신중할 필요는 없습니다. 2025년 3월 기준 이벤트 할인을 진행하는 증권사들을 제외하면 토스증권 중개수수료가 가장 낮은 편이네요. 토스증권은 국내주식은 0.015%, 해외주식은 0.1%입니다.

증권사 계좌 만들기

거래할 증권사를 골랐다면 이제 증권사 계좌를 만들어야 해요. 증권사 모바일 앱에서 비대면으로 계좌를 만들 수 있어요. 계좌 종류가 여럿이라 헷갈리실 텐데요. 기본적으로 필요한 건 '종합계좌'입니다. 은행 계좌로는 개별 주식이나 채권에 투자하지 못하기 때문에 이렇게 별도 계좌를 만들어야 해요. 은행에서 개설할 수 있는 IRP 계좌나 ISA에선 주식이나 채권을 담은 펀드나 ETF를 통한 간접 투자만 가능하죠. 내가 원하는 종목을 콕 집어서 투자하고 싶다면 증권사 계좌가 필요합니다.

증권사 앱에서 계좌를 개설하려고 하면 보통 CMA나 ISA도 함께 만들라고 제안할 거예요. 이 두 계좌를 통해서도 개별 주식과 채권에 투자할 수 있어요. 종합계좌와의 차이는 뭘까요? CMA 계좌는 간단히 말하면 주식을 사기 전후에 계좌에 남아있는 현금을 증권사가 알아서 굴려주는 계좌예요. 언제든 되팔아 다시 현금화할 수 있고 손실 위험이 적은 환매조건부채권[RP] 등 전용 단기금융상품에 돈을 넣어요. 종합계좌에 그냥 놀고 있는 돈을 알아서 굴려서 종합계좌 이자율보다는 좀 더 수익을 내주는 거죠.

증권사에서 가입할 수 있는 ISA 계좌인 중개형 ISA에서도 주식 거래가 가능한데요. 이 계좌에 있는 돈으로 주식 투자를 하면 발생한 수익에 대해서 세금을 깎아주기 때문에 만들어두면 좋습니다. 단, 국내 주식이나 채권, ETF에만 투자할 수 있고, 3년 동안 돈을 묶어둬야 하니 여윳돈으로 3년 이상 투자할 때 활용하세요.

주식 시장의 영업 시간

계좌를 만들었다면 이제 주식 거래할 준비가 끝났습니다. 이제 시장이 열릴 때를 기다렸다가 거래하면 됩니다. 국내와 해외를 가릴 것 없이 주식 시장은 공휴일과 주말을 제외한 영업일에 문을 엽니다. 만약 국내 주식뿐 아니라 미국 주식에도 투자한다면 영업일에는 거의 24시간 주식 주문을 낼 수 있습니다.

국내 주식 시장(한국거래소)은 오전 9시 문을 열고(개장) 오후 3시 30분 닫습니다(장 마감). 이때를 정규 시장이라고 해요. 대부분 주식 거래는 정규 시장에서 이뤄집니다. 정규 시장에서는 가격, 시간, 수량 우선 원칙에 따라 주식을 사려는 쪽과 팔려는 쪽의 주문을 연결해줘요. 비싸게 살수록, 싸게 팔수록, 많이 살수록 주문이 우선 체결된다는 뜻이에요. 가격이 같다면 먼저 들어온 주문을, 가격과 시간까지 같다면 수량이 많은 주문이 먼저 체결됩니다. 너무 비싸게 팔려고 하거나, 싸게 사려고 하면 그날 주문이 체결되지 않을 수도 있어요. 물론 주문 가격을 수정하거나, 주문을 취소하고 다시 내는 수도 있습니다.

이렇게 주식 시장에서는 주식을 얼마에 사고팔지를 두고 매일 치열한 눈치싸움이 이뤄집니다. 기업이 주식을 매대에 놓고 파는 게 아니라, 주식을 가진 사람과 사려는 사람 간 거래가 이뤄지는 유통시장이라 이런 식으로 거래가 이뤄지는 것이죠. 경매와 당근 거래를 합쳐놓은 그 비스무리한 무언가라고 생각하면 이해가 빠를지도 모르겠어요.

국내 증시가 잠들면 미국 증시가 기지개를 켭니다. 미국 정규 시장은 한국 시간 기준 오후 10시 30분에 열려 다음 날 오전 5시에 닫습니다. 이는 서머타임이 적용되는 때의 거래 시간인데요. 미국은 연방법에 따라 매년 3월 둘째 일요일부터 11월 첫째 일요일까지 서머타임을 적용해 시간을 1시간 앞당깁니다. 그러니 위 기간 외에는 오후 11시 30분 ~오전 6시에 장이 서는 거죠. 미국도 정규 시장 전후로 주식 거래가 이뤄지는데, 요즘에는 대부분 증권사에서 정규 시장뿐 아니라 정규 시장 전후 시간대에도 미국 주식을 주문할 수 있습니다.

주식 종목은 어떻게 고를까

계좌도 만들었고, 시장이 언제 열리는지도 알았습니다. 그런데 무슨 종목을 사야 하는 걸까요? 향후 주가가 오를 것 같은데 현재 주가는 저평가된 기업을 사는 게 정석입니다. 하지만 이런 기업을 일반인들이 찾기는 쉽지 않죠.

　그래서 '현생'이 바쁜 직장인들은 대개 단순한 방법을 택합니다. 이미 시장에서 좋은 평가를 받는 시가총액 상위 기업에 투자하는 거죠. 국내 증시에서는 삼성전자, SK하이닉스, LG에너지솔루션 등이 있고, 미국 증시(나스닥)에선 마이크로소프트[MS], 애플, 엔비디아 등이 그런 종목이죠. 특히 요즘에는 코스피보다 수익률이 좋다는 이유 등으로 미국 주식에 투자하는 사람들이 많습니다. 미국 주식을 거래할 땐 국내 주식보다 세금과 중개수수료를 더 많이 내야 하지만 이를 감안해도 이득이라고 보는 것이겠지요.

물론, 저평가된 주식을 판별하기 위한 보다 구체적인 기준도 있습니다. 처음 투자를 시작할 때는 주가수익비율^{PER, Price Earnings Ratio}과 자기자본이익률^{ROE, Return on Equity}이라는 두 가지 지표를 먼저 참고해보시길 추천합니다.

말이 어렵지만, 뜻은 간단합니다. 우선 PER은 어떤 기업의 주식 1주 가격이 1주당 순이익 대비 몇 배나 되는지를 나타내요. 공식으로 표현하면, 주가/주당순이익=시가총액/당기순이익이죠. 이때 당기순이익은 가장 최근의 연간 순이익을 가져다 계산하면 됩니다. PER이 8배 이하라면, 저평가된 상태라고 봐도 무방합니다. 10배를 넘어가면 고평가됐다고들 보죠.

이때 PER이 무조건 낮다고 좋은 걸까요? PER을 살펴보는 목적은 향후 주가가 지금보다 오를 것 같은데 지금 싸게 거래되고 있는 주식을 찾기 위해서죠. 어떤 종목이 향후 주가가 오를까요? 꾸준히 돈을 잘 버는 기업이겠죠? 기업이 돈 버는 게 시원치 않아서 주가가 낮게 형성된 경우에도 PER은 낮을 수 있습니다. 그러니 PER이 낮은 기업 중에 돈을 잘 버는 기업을 골라내야 합니다. 이때 참고할 수 있는 지표가 ROE예요. ROE는 기업의 연간 당기순이익을 순자산으로 나눈 값입니다. 공식은 (순이익/순자산)×100입니다.

풀어 말하면, 회사가 수익을 내기 위해 보유한 자산을 얼마나 효율적으로 잘 활용하고 있는지 보여주는 지표죠. 수완이 좋은 회사를 가려낼 수 있는 지표인 셈입니다. 업종의 특성에 따라 차이가 나지만 보통 수년간 꾸준히 두 자리 수 ROE를 유지한다면 안정적으로 이익을 잘 내는 기업이라고 볼 수 있습니다. 요약하면, PER이 8 이하이면서 ROE는 두 자리 수 이상을 유지하는 주식은 현재 저평가됐을 가능성이 큰 것이죠.

증시를 담당하는 기자들은 투자 트렌드에 관한 기사도 자주 씁니다. 남들이 한다고 무작정 따라 사는 건 위험할 수도 있지만, 남들이 이 시점에 왜 어떤 종목이나 상품에 투자하는지 눈여겨 보는 건 좋은 투자 공부가 될 수 있습니다.

기사를 보다가 '어느 업종이 좀 잘 나가는 것 같다' 싶으면 증권사 애널리스트들이 쓴 리포트를 훑어보는 것도 도움이 될 겁니다. '앞으로도 계속 이 산업이, 혹은 특정 기업이 돈을 잘 벌 수 있을까'라는 질문에 답을 찾아가면서 말이죠. 네이버페이 증권 페이지에서 이런 리포트들을 무료로 볼 수 있습니다.

직접 회사와 관련한 정보를 보고 싶다면 금융감독원 전자공시시스템에서 회사 이름을 검색해 가장 최근의 분기보고서나 사업보고서를 보면 무슨 사업을 하는 회사인지, 주요 제품은 뭔지 볼 수 있어요. 그 회사의 IR 페이지에서 실적 발표 자료를 살펴보는 것도 이 회사가 향후 어떤 사업 계획을 갖고 있는지 살펴볼 수 있는 방법이죠. 일정 기간의 주가 등락률 등 특정 종목에 대한 정보가 궁금할 때는 한국거래소가 운영하는 KRX정보데이터시스템 사이트에서 다양한 데이터를 볼 수 있습니다.

주식 투자할 때 주의할 점

이렇게 다양한 루트로 내가 주식을 산 기업이나 업종, 경기 전반에 대해 공부하면서 주가가 어느 정도 올랐다면 주식을 팔아 수익 실현을 하고, 또 주가가 내리면 다시 싸게 사는 식으로 틈틈이 나의 포트폴리오를 조정해주는 것도 좋겠죠. 단, 주가가 오를 때 사고, 내릴 때 파는 걸 반복하면 결국 손해만 보기 십상이니 주가에 너무 휘둘리지는 말아야겠습니다.

얼마나 많은 종목을 사야 할지도 고민해봐야 합니다. 흔히 투자를 할 때는 분산투자를 하라고 하지만, 지나친 분산투자는 오히려 수익을 내기 어렵게 만듭니다. 분산투자를 하라고 하는 이유는 과도한 위험을 지지 말라는 차원에서 하는 말인데요. 이런 취지를 고려하면 애초에 자산에서 주식에 투자하는 금액 비중을 감당 가능한 수준으로 조절하는 식으로 위험을 분산하는 게 낫습니다.

위험을 분산하겠다고 너무 많은 종목에 투자하면 현실적으로 유의미한 수익을 내기가 어렵습니다. 1,000만 원으로 10개 주식에 똑같이 100만 원씩 투자할 경우 수익이 나는 종목이 몇 개나 될까요? 운이 좋으면 절반 정도일 겁니다. 수익률이 두 자릿수를 기록하는 종목은 더 적을 것이고요. 가령 5개 종목에서 6% 수익률을 거둔다고 가정하면 30만 원의 이익을 얻겠죠.

문제는 주가가 떨어진 5개 종목에서 발생한 손해를 합

산하면 이 이익이 더 쪼그라든다는 거죠. 한 자릿수 수익률이어도 투자금 자체가 크다면 수익금의 액수가 크겠지만, 투자금 자체가 적으면 한 자릿수 수익률로는 의미 있는 수익이 나기 어렵습니다.

실제로 코스피에 상장된 950개 종목의 주가 추이를 임의의 기간(2024년 6~12월) 동안 살펴봤는데요. 이 기간 주가가 0.1%라도 올라 수익이 난 종목은 전체의 23%인 215개에 불과했어요. 두 자릿수 이상의 수익률이 난 종목은 120개(13%)였고요. 평균 수익률은 -9.6%였습니다. 위험을 분산하겠다고 잘 모르는 종목들을 이것저것 너무 많이 사는 것보다는, 꼼꼼히 살펴본 뒤 고른 2~3개 종목에 투자금을 집중하는 게 수익률을 높이는 데 더 효과적일 수 있습니다.

주식 차트 보는 법

자, 그럼 이제 증권사 모바일 앱을 켜고 종목창에 들어가볼까요? 가장 먼저 차트가 눈에 들어올 겁니다. 빨간 막대와 파란 막대가 어지러이 줄지어 있는 그림이 차트입니다. 차트는 주식 가격이 일정 기간 동안 얼마나 오르고 내렸는지 보여줘요. 기간은 설정하기 나름이지만, 여기서는 막대 하나가 그날 하루 동안의 가격 변동 폭을 나타내도록 설정된 차트를 기준으로 설명할게요. 이 막대는 봉 혹은 캔들이라고 합니다.

빨간 봉은 '양봉'이라고 하는데, 그날 종가가 시가보다 올랐다는 뜻입니다. 거래를 시작한 가격보다 높은 가격에 거래를 마쳤다는 거죠. 파란 봉은 '음봉'이라 부르고, 반대로 종가가 시가보다 내렸다는 뜻이에요. 다만, 미국 증시는 반대입니다. 미국 증시는 파란색 대신 초록색을 쓰는데, 초록색이 상승, 빨간색이 하락을 뜻합니다.

봉 위아래로 삐쭉 튀어나온 선은 그날 시장에서 체결된 가격 중 가장 높은 가격과 낮은 가격을 나타냅니다. 봉 위로 솟은 선의 꼭대기가 그날 체결된 가장 높은 가격, 즉 고가입니다. 봉 아래로 튀어나온 선의 바닥이 그날 체결된 가장 낮은 가격, 저가죠.

참고로 국내 증시에서는 봉의 길이가 제한되어 있습니다. 하루에 주가가 오르고 내릴 수 있는 폭이 보통 전일 종가 대비 위아래 30%로 제한되어 있기 때문이죠.

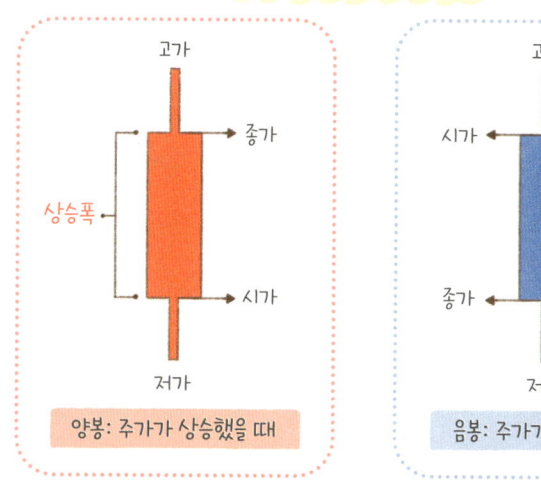

봉 차트를 자세히 보면 줄지어 선 봉 사이를 가로지르는 몇 개의 선들이 보일 겁니다. 이 선을 기준일로부터 최근 5, 10, 20, 60, 120일간 종가를 평균 낸 뒤 선으로 이어 놓은 '이동평균선'이라고 하는데요. 줄여서 '이평선'이라고 부르기도 합니다. 주가 추세를 파악하기 위한 도구죠. 보통 5일 이평선을 단기, 60일 이평선을 중기, 120·200일 이평선을 장기 추세 확인용으로 써요. 해당 종목의 주가가 어떤 흐름을 보이는지, 그날그날의 주가가 평균 대비 높은지, 낮은지 등을 파악할 때 유용합니다.

주식을 주문해보자

주가 추이를 살펴본 뒤에는 주문을 내기 전에 시세를 파악해보세요. 주식 주문 창에서 호가(주문 가격)를 보면 됩니다. 호가 창을 보면 다른 투자자들이 이 주식을 얼마에 사고팔려는지 알 수 있어요. 호가 창에는 체결된 가격을 기준으로 근접한 '사자(매수) 주문'과 '팔자(매도) 주문' 가격을 10개씩 보여줘요.

호가 옆에는 그 가격에 팔거나 사겠다고 내놨는데 아직 체결되지 못하고 남아있는 주식 수가 표시됩니다. 체결가보다 비싼 가격, 그러니까 위에 있는 가격들 옆에는 팔려고 내놨는데 안 팔린 '매도 잔량'이 표시돼요. 체결가보다 싼 가격, 그러니까 아래 있는 가격들 옆에는 사려 했으나 못 산 '매수 잔량'이 표시됩니다. 이 호가창을 보면 대충 얼마에 주문을 내놔야 거래가 체결될지 가늠할 수 있습니다.

시세를 파악했다면 주문을 내야겠죠? 전략과 원칙에 따라 여러 가지 주문 방식을 활용할 수 있습니다. 증권사 모바일 앱MTS에서 주문 창을 보면 '지정가'라는 말이 보일 텐데요. 원하는 가격을 직접 입력해 주문을 내는 방식입니다.

이것저것 재기 싫고 빨리 사고 싶다면 '시장가'로 주문하면 됩니다. 종목과 수량만 입력하면 증권사에서 시장에 나와 있는 팔자 주문 중 물량이 맞고 가장 저렴한 가격으로 주문을 내줍니다. 그래서 보통 주문이 즉시 체결되죠.

만약 내가 정한 가격을 밀어붙여보고 싶다면, 조건부 지정가 주문을 낼 수도 있습니다. 내가 적어낸 지정가를 일단 호가로 냈다가, 장 마감 10분 전까지 체결이 안 되면 시장가 주문으로 자동으로 바뀌는 거죠.

그 외에도 주문을 내는 다양한 방법이 있습니다. 나한테 가장 유리한 가격에 주식을 거래하고 싶을 때는 '최유리 지정가' 방식으로 주문하면 돼요. 주식을 사는 경우엔 이미 나와 있는 팔자 주문 중 최저가를, 파는 경우엔 이미 나와 있는 사자 주문 중 최고가를 호가로 내는 방식이에요. 만약 이 가격에 충분한 물량이 없으면 체결 가능한 물량만 체결되고 나머지는 대기 상태로 남게 됩니다.

손해를 보더라도 무조건 빨리 팔아야 하는 경우에는 가장 불리한 조건으로 거래를 하겠다는 주문도 넣을 수 있어요. 그 방식은 '최우선 지정가'인데요. 살 때는 나와 있는 팔자 주문 중 최고가를, 팔 때는 사자 주문 중 최저가를 호가로 내는 방식입니다.

이런 주문 방식에 세부 조건을 달 수도 있어요. IOC라는 조건은 Immediate or Cancel의 준말인데요. 앞서 설명한 방식으로 주문을 냈을 때 바로 체결 가능한 물량만 거래하고 물량이 부족할 경우 미체결 물량에 대한 주문은 취소한다는 뜻이에요. 반면, 주문 수량 전체를 사거나 팔지 못하면 주문 자체를 취소하는 FOK^{Fill or Kill} 조건을 걸 수도 있죠. 이런 다양한 주문 방식은 시시각각 움직이는 주가에 맞춰 수동으로 주문을 내는 게 어렵기 때문에 원하는 조건에 맞게 주문을 자동화할 수 있도록 도와주는 기능들이죠.

주식 주문이 성공적으로 체결됐다면 2영업일 후에 결제가 이뤄집니다. 월요일에 주식을 샀다면, 내 계좌에서 돈이 실제 빠져나가는 건 수요일입니다. 주식을 판 경우에도 주식 판 돈은 2영업일 후에야 출금이 가능합니다.

대체거래소는 뭔가요?

그동안 증시는 한국거래소가 사실상 독점해왔어요. 그런데 2025년 3월부터 대체거래소인 '넥스트레이드'가 출범하면서 이 독점

체제가 깨지게 됐죠. 이제 한국거래소 뿐 아니라 넥스트레이드를 통해서도 주식이나 채권 등 증권을 거래할 수 있게 된 거예요.

일반 투자자들이 체감하게 될 가장 큰 변화는 주식 거래 시간이 늘어난다는 점입니다. 넥스트레이드는 정규 거래시간 앞뒤로 프리마켓(오전 8시~8시 50분)과 애프터마켓(오후 3시 30분~8시)을 운영해요. 시간외 거래를 감안하더라도 주식을 거래할 수 있는 시간이 확 늘었죠. 호가의 종류도 다양해졌고요.

다만, 아직(2025년 3월 기준)은 대체거래소에 참여하는 증권사도, 이 거래소에서 거래할 수 있는 종목도 한국거래소만큼 많지는 않아요. 참여 증권사와 종목이 점차 확대되면 투자자 입장에서도 주식 거래 편의성이 좋아지겠죠.

투자자가 직접 대체거래소에서 주식을 사고 싶은지 정할 수도 있지만, 특별히 그런 의사 표시를 하지 않으면 증권사가 알아서 한국거래소와 대체거래소 중 최적의 거래를 찾아줍니다. 두 거래소 중 이용자가 더 싸게 주식을 사고 비싸게 주식을 팔 수 있는 주문이 어느 거래소에 있는지 살펴보고 거래를 처리해준다는 뜻이죠.

CMA 통장
효과적으로 사용하기

경제를 공부하다 보면 낯설게만 느껴졌던 금융상품들이 생각보다 간단하다는 걸 알게 됩니다. CMA도 마찬가지입니다. CMA는 '비교적' 안전하게 단기로 목돈을 운용할 수 있는 상품이에요. 저도 2024년에 가입했습니다.

지금까지 설명한 내용을 잘 따라왔다면 예·적금, 파킹통장에 대해서는 이제 어느 정도 파악하셨을 겁니다. 네이버에서 예금이나 적금을 검색해볼까요? '엔페이(N pay) 예·적금 비교'라는 서비스가 나오는데요. 이 서비스에서 금융상품의 금리나 수익률을 비교할 수 있습니다. 금융상품 종류로는 예금, 적금, 파킹… 여기까진 익숙한데 그다음에 나오는 게 바로 'CMA'입니다.

CMA는 무엇일까

CMA는 예·적금과 나란히 소개될 만큼 많은 사람이 이용하고 있어요. 수치를 보면 알 수 있습니다. 2024년 상반기 기준 정기예금 계좌 수(한국은행 통계)가 2,374만 개였는데, 같은 시기 CMA 계좌 수(금융투자협회 통계)는 3,942만 개였습니다. 정기예금보다 CMA 계좌 수가 더 많았네요! CMA 계좌 수는 2024년 8월 4,000만 개를 넘어섰어요. 그만큼 많은 사람이 CMA를 이용하고 있다는 뜻이겠죠.

CMA의 약자를 풀면 Cash Management Account인데요. '자산관리계좌'라는 뜻입니다. CMA는 증권사에서 만들 수 있는 투자용 계좌입니다. 이 계좌를 통해 주식·펀드 등 다양한 금융상품에 투자할 수 있어요. 은행 수시입출식 통장처럼 자유롭게 입출금 할 수도 있는데요. 조건을 충족하면 이체·출금 수수료가 무료입니다. 해당 계좌로 급여를 받거나, 각종 결제 대금을 계좌로 자동 납부하는 경우 등입니다.

즉, CMA로도 신용카드 대금, 통신비, 공과금 등을 매월 자동 납부할 수 있다는 뜻인데요. 신용카드사·통신회사·보험회사 등에 자동 납부 신청을 하면 됩니다(공과금 자동 납부 출금 당일 잔고가 부족할 경우를 대비해 문자로 사전 알림을 주는 서비스도 있어요). 여기까지 보면 주식을 하지 않는 사람의 경우, 은행의 수시입출식 통장과 큰 차이가 없다고 느낄 수 있습니다.

CMA의 장점

CMA의 진짜 강점은 지금부터 나옵니다. CMA를 월급 통장으로 사용한다고 가정해보죠. 각종 공과금이 빠져나간 후 남은 자금이 있겠죠. 이때 증권사는 고객의 돈을 안전성이 높은 '단기 금융 상품'에 투자합니다.

구체적인 투자처에 따라 CMA 종류가 나뉘는데요. 가장 보편적인 CMA 상품은 증권사가 국공채, 지방채 등 안전성이 높은 채권을 사서 수익을 내면, 이를 고객에게 지급하는 RP형 CMA입니다. 고객 입장에서는 별도로 매수 주문을 할 필요 없이 돈만 넣어두면 자동으로 투자가 되는 셈이죠. 주식 투자자들이 당장 사고 싶은 주식이 없을 경우, CMA에 자금을 대기시켜두는 것도 이 때문입니다.

CMA를 이용하면 은행의 보통예금보다 이익을 좀 더 얻을 수도 있습니다. 은행의 수시입출식 통장에는 연이율 0.10% 수준의 이자가 붙습니다. 최근 CMA 수익률을 보면 2.00~2.75% 수준입니다. '주식을 안 한다면 파킹통장이 더 나은 거 아냐?'라고 생각하실 수도 있습니다. 저축은행 파킹통장은 이자로 연이율 3% 이상을 주기도 하니까요.

CMA는 대부분의 파킹통장과 비교해서도 이점이 하나 있어요. 하루치 이자를 매일매일 지급한다는 건데요. 이자에 이자가 붙는 '복리'가 적용된다는 뜻입니다. 은행들의 예·적금은 '단리' 상품이 대부분입니다. '원금'에 '연이율에 따른 이자'만 붙는 거죠. 이자가 많은 순서대로 보면 일 복리 > 월 복리 > 단리입니다. CMA는 일 복리 상품입니다.

은행의 월 복리 상품과 비교하면 고객이 이자를 받는 주기가 한 달에서 하루로 줄었다는 건데요. 단순히 기간이 단축됐다는 의미가 아닙니다. 다음날이면 원금에 하루치 이자가 붙고, 그다음 날에는 원금이 아닌 전날 금액(원금+하루치 이자)에 또 하루치 이자가 붙습니다. '복리의 마법'이 매일 일어나는 거죠. 수익률 1% CMA에 1,000만 원을 넣어둘 경우, 일 복리를 적용하면 3년 후 수익으로 304,541원을 얻는데요. 단리보다 4,541원, 월 복리보다는 124원이 많습니다.

현실적으로 계산해볼게요. 100만 원을 은행 수시입출식 통장(연이율 0.1%)에 넣어두면 1년에 이자 1,000원을 받아요. 같은 금액을 같은 기간 CMA(수익률 2.0%)에 넣어두면 수익 2만 원을 얻게 돼요. 원금이 많아질수록, 맡긴 기간이 길수록 차이는 어마어마하게 커질 거예요.

저는 증권사 앱에 들어가기만 해도 복잡한 메뉴에 머리가 아파서 CMA 개설을 망설였는데요. 포털에서 CMA 수익률을 검색해 계좌를 개설해보니 모바일로 간단하게 가능했어요. 은행 계좌 만드는 것과 다를 게 없더라고요. 비상금 통장으로 CMA를 사용하고 있어요. 매일 몇 십 원, 몇 백 원의 이자가 들어오고 있죠.

CMA 개설할 때 알아야 할 점

이점이 많은 CMA지만 예금자보호법이 적용되지 않는다는 점은 알아두셔야 합니다. 증권사가 부도나거나 파산할 경우 원금과 수익금이 제대로 지급되지 않을 수 있어요. 한마디로 원금 손실의 위험이 있다는 겁니다. 투자에 따른 손실은 스스로 책임져야 하니 항상 신중히 결정해야 합니다.

하지만 실제로 증권사의 부도·파산은 흔한 일이 아닌 반면, 앞서 설명한 것처럼 CMA의 이점과 편리성이 크기 때문에 많은 사람이 이용하는 것 같아요. 아직 CMA가 없다면 오늘 개설해보는 건 어떠신가요? CMA를 살펴보면 생각보다 어렵지 않다는 걸 알게 되실 거예요.

투자가 처음이라면
개별 종목보다는 ETF

요즘 투자에 관심을 갖는 분들이라면 어디선가 ETF에 대해 들어보셨을 겁니다. ETF라는 영어 이름은 풀어 말하면 'Exchange-traded Fund', 즉, 거래소에서 사고팔 수 있는 펀드라는 뜻이에요. 펀드를 상장했다는 건데, 우리말로는 '상장지수펀드'라고 합니다.

펀드는 여러 투자자의 돈을 모아, 펀드매니저가 여기저기 대신 투자해 수익을 낸 뒤, 투자자들에게 나눠주는 금융투자상품이에요. 한 바구니에 여러 과일을 담는 모습을 상상해보세요. 이 바구니가 바로 펀드입니다.

액티브 투자? 패시브 투자?

바구니에 어떤 과일을 담을지 결정하는 사람이 펀드매니저인데요. 펀드매니저는 수익률을 최대한 높이기 위해 펀드에 무엇을 얼마나 담을지 수시로 변경합니다. 시장 평균보다 높은 수익률을 내려는 이런 방식을 '액티브 투자'라고 해요. 적극적으로 수익을 추구한다는 거죠.

반면, 지수펀드는 '평균이라도 하자'는 게 목표예요. 이런 방식을 '패시브 투자'라고 해요. 우리가 잘 아는 미국의 전설적 투자자 워런 버핏이 개인 투자자에게 권하는 방법이죠. 지수펀드는 대표적인 패시브 투자 상품인데요. 펀드매니저 개인의 판단이 아니라 시장, 즉 전체 투자자 판단을 따릅니다. 어떻게? 지수라는 모범답안을 따라가는 방식으로요.

지수는 주식 하나 가격이 아니라 여러 주식 가격을 묶어 한눈에 파악할 수 있게 만든 지표예요. 코스피200^{코스피 상장 대표 200개 종목}이나 나스닥 지수처럼 각국 '시장 전체'를 범위로 설정한 '대표지수'가 있는가 하면, 특정 산업이나 기준에 따라 주식을 추려 만든 것도 있어요. 주식뿐 아니라 채권이나 파생상품 수익률로도 지수를 만들죠. 지수펀드는 지수 하나를 골라 그 지수의 등락률과 비슷한 정도로만 펀드 수익률이 오르내리도록 설계·운용하는 펀드예요. 그래서 포트폴리오도 지수의 구성 비율과 크게 다르지 않은 경우가 많습니다.

ETF의 장점

그럼 ETF는 다른 투자상품에 비해 뭐가 좋을까요? 우선 개별 주식에 투자하는 것보다 상대적으로 안전합니다. 예를 들어볼게요. 2024년 4월 전 국민을 도파민에 휩싸이게 민희진 전 어도어 대표의 기자회견을 기억하시나요? 그날 장 마감을 앞둔 오후 3시께 시작된 기자회견의 여파로 다음날 하이브 주가는 4.95% 급락했죠.

 반면, 하이브가 포함된 한 ETF(HANARO Fn K-POP&미디어)는 1.62% 하락하는 데 그쳤습니다. 포트폴리오의 25% 가량을 차지하는 하이브 주가는 내렸지만, JYP엔터테인먼트나 CJ ENM 등 다른 비중 높은 주식들이 방패제 역할을 해준 덕이죠. 일종의 평균효과라고나 할까요? 그래서 ETF에 투자하면 개별 회사에서 발생하는 주가 하락 요인의 영향을 덜 받습니다. ETF는 기초자산이 최소 10개 이상으로 구성되어야 하거든요. 알아서 분산투자가 되는 셈이죠.

하지만 이 말은 반대로 개별 종목 대비 상승률이 가파르지 않다는 얘기도 될 수 있습니다. 그래서 단기 가격 등락폭이 적으면서 장기적으로 우상향할 상품을 찾는 투자자들에게 적합하죠. 물론, 그렇다고 'ETF가 무조건 다 안전하다'는 얘기는 아닙니다. 1년 사이 가격이 70% 넘게 하락한 상품도 있고, 반대로 2배 넘게 오르는 ETF도 있으니까요.

주식 초보자 입장에서 ETF가 좋은 건 부담스럽지 않다는 거예요. 개별 주식에 제대로 투자하려면 그 회사 사업 내용이나 영업 실적, 향후 그 회사 실적과 업계 전망 등 따져봐야 할 게 너무 많죠. 그럴 때는 개별 주식보다 성장이 기대되는 업종이나 시장 대표지수를 추종하는 ETF에 투자하는 게 더 속 편한 길일 수 있습니다.

직접 투자가 어려운 해외 주식에 간편하게 투자할 수 있는 점도 장점입니다. 인도처럼 개인의 직접 투자가 불가능한 나라의 주식도 국내 상장 ETF를 통해 간접 투자가 가능하죠. 해외 주식 투자가 막혀 있는 ISA나 IRP 계좌에서도 해외 지수를 추종하는 국내 상장 ETF에는 투자할 수 있어요.

무엇보다 ETF는 일반 펀드와 달리 언제든 빠르게 사고 팔 수 있습니다. 펀드는 살 때도 팔 때도 짧게는 3영업일에서 길게는 9영업일을 기다려야 하고, 상품마다 정해진 기간을 안 채우고 돈을 찾으려면(환매) 수수료도 추가 부담해야 합니다. 반면, ETF는 환매수수료 부담 없이 언제든 팔 수 있고, 주식처럼 2일이면 결제가 이뤄지죠.

이런 특징 덕분에 ETF 투자는 주식처럼 매매차익과 배당 수익 두 마리 토끼를 다 잡을 수 있어요. ETF 투자자가 받는 배당을 분배금이라고 해요. 국내 상장 주식형 ETF는 보통 4월 마지막 거래일에 분배금을 줍니다. 요즘은 매달 분배금을 주는 월배당 ETF도 인기죠.

암호 같은 ETF 이름 해석하기

그런데 ETF에 투자하려고 검색을 좀 하다 보면 난관에 부딪치게 됩니다. 이름인지 암호인지 모르겠는 이름 때문이죠.

'KODEX CD금리액티브(합성)' 'TIGER 미국나스닥100' 등 등… 상품명만 봐서는 무슨 뜻인지 한눈에 이해하기 어려운 데요. 찬찬히 살펴볼게요.

우선 ETF 가장 앞의 'KODEX', 'TIGER' 같은 단어는 해당 ETF를 만든 자산운용사의 브랜드 이름입니다. 그 뒤엔 투자 대상 국가가 나오는데, 국내에 투자하는 경우 국가명이 생략돼요. 그 다음이 가장 중요한 기초지수입니다. 예를 들어, 'TIGER 미국나스닥100'은 나스닥100 _{나스닥에 상장된 금융주 제외 시총 상위 100개 종목으로 만든 지수}을 추종하는 상품이고, '2차전지 TOP10'은 2차전지 관련 지수라는 걸 알 수 있죠.

지수가 구체적으로 어떤 종목을 얼마나 담고 있는지 궁금하다면 해당 ETF를 판매하는 자산운용사 사이트나 한국거래소 정보데이터시스템 사이트에서 그 지수의 자산구성내역^{PDF}을 살펴보면 됩니다. 앞에 예로 든 2차전지 ETF의 경우 기초지수는 SK이노베이션, 포스코홀딩스, 에코프로비엠, 에코프로, 삼성SDI 등의 종목을 비중 있게 추종하고 있네요(2025년 3월 2일 기준).

ETF 이름에 '합성'이 들어간 상품은 자산구성내역에 스왑 계약이라고만 뜨는 경우가 있는데요. 기초지수로 거슬러 올라가 구성 종목을 살펴보면 됩니다.

　CD금리는 쉽게 말해 은행끼리 돈을 빌릴 때 적용하는 금리인데, 이 금리를 활용해 지수를 만들기도 합니다. 이를 기초지수로 삼는 ETF를 파킹통장과 비슷하게 활용할 수 있어 '파킹 ETF'라고들 하죠.

　선물이라는 단어도 등장하는데요. 투자상품을 거래하는 한 방법이에요. 바로 돈과 상품이 교환되는 게 아니라 돈을 일부 미리 주고 물건을 나중에 받는 방식인데, 일단 이렇게만 알아둬도 ETF 투자에 큰 어려움은 없습니다.

　기초지수 뒤에는 해당 ETF가 기초지수를 어떻게 추종하는지, 그 방식이 나와요. 보통은 기초지수가 오르는 만큼 오르고 내리는 만큼 내리죠. 이를 '정방향'이라고 하는데, 상품명에는 표시가 안 됩니다. 표준이란 얘기죠.

　반대로, 기초지수와 수익률이 거꾸로 움직이면 '인버스'라고 해요. 기초지수가 오르면 ETF 수익률은 떨어지고, 반대로 기초지수가 하락하면 ETF 수익률이 오르는 구조죠.

　그럼 '곱버스'는 뭘까요? 인버스의 곱절, 2배라는 뜻인데요. 기초지수가 1만큼 내리면 ETF 수익률은 2배 오른다는 뜻입니다. 곱버스는 인버스 뒤에 '2X'를 붙입니다.

마찬가지로, 기초지수 수익률을 정방향으로 2배 추종할 수도 있어요. 이건 '레버리지'라고 합니다. 미국에는 3, 4배 레버리지 상품도 있지만, 국내에는 아직 2배 레버리지까지만 판매되고 있어요.

맨 뒤에 붙는 '합성'의 의미는 쉽게 말해 ETF 운용을 외부 증권사에 위탁한다는 뜻입니다. 그렇다 보니 증권사에 지불하는 수수료가 수익률에 간접적으로 반영돼 '숨은 비용'이 있어요.

또 괄호 안에 'H'가 쓰인 건 해당 상품이 환 헤지 상품이라는 뜻인데요. 환율 변동의 영향을 받지 않도록 장치를 뒀다는 의미에요. 환율 덕을 볼 수도 없지만 환율 탓에 수익률이 깎이지도 않는 거죠.

'TR'이라는 글자가 붙은 상품은 ETF가 담은 주식에서 발생한 배당금을 투자자에게 나눠주는 대신 재투자해 복리 효과를 볼 수 있는 상품이라는 뜻이에요.

ETF 상품 이름 구조와 용어

구성 요소	예시	설명
브랜드 이름 (운용사)	KODEX, TIGER, RISE, ACE 등	ETF를 만든 자산운용사의 브랜드 이름
투자 대상 국가	미국, 중국 등	해외 투자 상품이면 국가명이 포함되고, 국내 ETF는 국가명 생략
기초지수	나스닥100, 2차전지TOP10, CD금리 등	ETF가 따라가는 기준 지수 구성 종목은 운용사 사이트에서 확인 가능
추종 방식	정방향, 인버스, 레버리지, 곱버스	정방향: 지수와 같은 방향으로 수익률 움직임 (표기 안 됨) 인버스: 지수와 반대 방향 수익률 곱버스 / 레버리지: 수익률 2배로 추종
운용 방식	합성	스왑 계약으로 외부 증권사에 운용을 위탁함. 수수료 등 높은 비용 발생 가능
환 헤지 여부	(H)	환율 변동의 영향을 막는 장치. '환 헤지 ETF'
배당 재투자 여부	TR	주식 배당금을 현금 대신 재투자해 복리 효과를 노리는 상품

ETF, 언제 투자해야 할까

어떤 상품에 투자할지 골랐다면, 언제 투자할지도 정해야 합니다. 주식과 마찬가지로 ETF도 되도록 쌀 때 사서 비쌀 때 팔아야 수익이 커지겠죠? 쌀 때와 비쌀 때를 어떻게 알 수 있을까요?

'순자산가치(NAV·나브)'에서 힌트를 얻을 수 있습니다. ETF에 담겨있는 주식이나 현금 등 모든 자산의 가치에서 운용보수처럼 나가야 될 돈(부채)을 빼면 ETF의 진짜 가치를 알 수 있겠죠? 이 진짜 가치를 ETF 전체 발행 좌수로 나눈 값이 '나브'입니다. ETF 1좌당 순자산가치인데, 원가와 비슷한 개념입니다. (주식을 셀 때는 한 '주'라고 하는데, ETF는 '좌'라는 단위를 씁니다.) 지금 당장 ETF에 든 주식을 가져다 팔아도 나브만큼은 현금이 생긴다는 뜻이죠.

문제는 주식이나 채권 가격은 장 중엔 실시간으로 바뀌잖아요. 그러니 전일 종가 기준으로 계산한 나브를 '현재 원가'로 보긴 어렵습니다. 그래서 따로 집계하는 게 실시간으로 바뀌는 주가를 반영한 '추정순자산가치iNAV, 이하 아이나브'입니다. '실시간 원가'인 셈인데, 장 중에는 10초마다 업데이트돼요.

시장 가격과 아이나브가 너무 많이 차이 나면, 그 ETF 가격이 원가와 동떨어져 있다는 거예요. 시장 가격과 아이나브 간 차이를 '괴리율'이라고 하는데, 원가보다 비싸게 거래될수록 괴리율이 커집니다. 원가보다 싸게 거래되면 괴리율이 음수가 되죠. 괴리율이 음수일 때 사면 원가보다 싸게 사는 셈이죠.

기초지수 수익률과 ETF 수익률 간 격차를 나타내는 '추적 오차'도 눈여겨볼 필요가 있어요. 결국 좋은 ETF는 지수를 잘 따라가는 ETF인 만큼 추적 오차가 다른 ETF 대비 너무 큰 상품은 피하는 게 좋습니다. 거래량도 되도록 많은 게 좋습니다.

자산구성이나 수익률이 비슷한 상품 중 고민이 된다면 각종 수수료 등 비용을 따져보세요. 이런 비용을 총보수라고 하는데, 한국거래소가 운영하는 정보데이터시스템에서 'ETF-전종목 기본정보'에 들어가면 총보수가 가장 낮은 순으로 상품을 볼 수 있어요. 한국예탁결제원이 운영하는 세이브로에서 'ETF-종목발행현황'을 봐도 됩니다.

국내 상장 ETF와 미국 상장 ETF가 고민되면 세금을 비교해봐야 합니다. 국내 상장된 국내주식형 ETF는 분배금에 대해서만 15.4%의 소득세를 내요. 반면, 국내에 상장된 해외주식형, 채권형, 파생형 등 '기타 ETF'는 분배금뿐 아니라 매매차익에도 세금이 15.4% 부과됩니다. 손익통산은 ISA나 IRP 등 연금계좌에서 투자한 경우만 적용돼요.

　미국 상장 ETF는 세금 부담이 가장 큽니다. 사고팔 때 증권거래세 0.00278%를 내고, 매매차익에는 22%의 양도소득세(연 250만 원까지는 공제), 분배금에는 15.4%의 소득세를 냅니다. 대신 손익통산이 적용되죠.

환율 변동을 활용해 '환테크' 하는 법

시장에서 거래되는 상품들은 가격이 있습니다. 당연한 얘기죠. 하지만 '돈에도 가격이 있다'라고 하면 즉각적으로 와닿지 않습니다. 돈은 상품을 구매하기 위한 수단이라는 인식이 강하기 때문인 것 같아요. 하지만 모두가 알다시피 돈도 거래 대상입니다. 미국에서는 달러가, 일본에서는 엔화가 필요하니까요. 그러니 각 나라의 돈에도 가격이 있습니다. 이걸 '환율'이라고 합니다.

환율은 왜 계속 변할까

한국 돈으로 외국 돈을 산다고 해봅시다. 이때 달러의 가격을 '원-달러 환율'이라고 하고, 엔화의 가격을 '원-엔 환율'이라고 해요. 그냥 '환율'이라고 하면 일반적으로 '원-달러 환율'을 의미하는데요. 미국의 경제 규모가 세계에서 가장 크고, 달러가 국제적인 결제 수단으로 쓰이기 때문입니다. 영어를 할 줄 알면 세계 곳곳에서 어느 정도 의사소통이 되는 것처럼요.

어제 환율이 1,300원이었다면 이는 1달러를 사기 위해 1,300원이 필요했다는 의미입니다. 환율이 오른다는 건 달러의 가격이 비싸진다는 뜻이에요. 오늘 환율이 1,500원이 된다면 하루 만에 1달러의 가격이 200원 더 비싸진 것입니다. 환율이 변한다는 뜻은 각 돈의 '가치'가 변한다는 뜻이에요. 달러의 가치가 올라가면 원화 가치는 내려갑니다. 상대적이죠.

수박을 먹고 싶은 사과장수가 있다고 해보죠. 어제는 사과 다섯 개만 주면 수박 하나를 얻을 수 있었는데, 오늘은 수박장수가 사과 여섯 개를 요구했습니다. 수박의 가치는 사과 한 개만큼 올라간 것이고, 반대로 사과의 가치는 내려간 셈입니다.

　이걸 달러와 원화에 적용해보면 됩니다. 환율 상승, 달러 가치 상승, 원화 가치 하락(원화 평가절하)은 모두 같은 뜻입니다. 반대 의미인 환율 하락, 달러 가치 하락, 원화 가치 상승(원화 평가절상)도 모두 같은 뜻입니다.

환율은 왜 중요할까

뉴스에서는 매번 환율을 언급합니다. 환율이 내렸다더라, 올랐다더라. '돈의 가격'인 환율을 왜 이렇게 중요하게 취급하는 걸까요? 경쟁력 있는 회사의 상품은 너도나도 가지려고 하니 가격이 올라가고, 불량품을 많이 만드는 회사의 상품은 푸대접을 받으니 가격이 내려가겠죠. 회사를 '나라', 상품을 '돈'으로 생각해보면 됩니다. 경제가 튼튼하고 앞으로도 안정적일 확률이 높은 나라의 돈은 좋은 대접(높은 가격)을 받고, 정세가 불안하고 주력 산업도 비실비실한 나라의 돈은 그보다 못한 대접(낮은 가격)을 받습니다.

거칠게 말해, 달러가 비싸다면 미국이 잘 돌아가고 있는 것이고 엔화가 싸다면 일본 상황이 좋지 않다는 얘기가 됩니다. 이를 우리나라에 적용해보면, 환율이 높으면 우리나라에 뭔가 문제가 있다는 겁니다. 환율이 내려갔다면 우리나라의 경쟁력이 그만큼 강해졌다는 거고요. 이렇게 쉽게 나라 상황을 체크할 수 있기 때문에 매일 뉴스에 환율이 나오는 겁니다.

국가 경쟁력에 영향을 주는 요소는 무궁무진합니다. 그래서 환율을 예측하기란 쉽지 않습니다. 2025년 4월, 도널드 트럼프 미국 대통령은 교역국에 관세를 매기겠다고 발표했습니다. 그러다 돌연 중국을 제외한 모든 교역국에 관세를 유예하겠다고 했어요.

달러는 미국에 대한 '신뢰의 상징'이었는데, 트럼프의 오락가락 정책으로 전 세계가 미국을 믿을 수 없게 된 겁니다. 투자자들은 달러 자산을 팔아버렸고 달러 가치는 순식간에 떨어졌습니다. 환율이라는 건 어떤 요소로 어떻게 움직일지 전문가들조차 예측하기 어렵다고 하는 이유죠.

경제와 밀접하게 연관되어 있는 환율

환율은 우리나라의 경제 상황을 나타내는 지표이지만, 반대로 우리나라 경제 상황을 좋거나 나쁘게 만들기도 합니다. 수입·수출기업이 모두 영향을 받거든요. 환율 하락기에는 '수출입 기업 희비 엇갈려… 정유업계 숨통, 조선·차 울상'과 같은 헤드라인을 볼 수 있는데요. 환율이 내려가면(원화 가치 상승, 달러 가치 하락) 수출기업의 수입은 줄어듭니다. 외국에서 달러로 받는 돈은 같지만 원화 가치가 상승했기 때문에 국내에서 원화로 환전할 때 돈을 덜 받게 되는 거죠. 수출제품 가격은 상승해 수출이 줄어들기도 하고요.

예를 들어, 환율이 1,500원에서 1,000원으로 떨어졌다고 하면 10만 원짜리 국내 제품의 달러 표시 가격은 66.7달러에서 100달러로 오르게 되죠. 수입기업은 반대입니다. 100달러짜리 외국 제품의 원화 표시 가격은 15만 원에서 10만 원으로 떨어지게 됩니다. 수입품의 가격이 싸졌으니 수입이 증가하게 되겠죠. 원자재 수입 가격도 낮아져 기업의 생산비용 부담은 줄어들게 되고요.

환율이 기업에 영향을 주니, 물가도 바로 영향을 받습니다. 원화 가치가 올라가면(환율이 내려가면), 외국에서 무언가를 사올 때 예전보다 돈을 적게 줘도 됩니다. 물건을 떼다 파는 회사들이 그만큼 판매 가격을 내린다면 저의 장바구니 사정은 조금 더 나아질 겁니다. 반대로 환율이 올라가면 수입물가 상승으로 이어집니다. 이 경우 제가 가진 돈(원화)은 그대로여도 실제 그 돈으로 구매할 수 있는 상품은 적어지니, 앉아서 손해 보는 셈이 될 수도 있습니다.

환율은 주식시장과도 밀접한 관련이 있습니다. 외국인 투자자 때문이죠. 외국인 투자자가 매수한 국내 종목 주가가 그대로여도 원-달러 환율에 따라 외국인 투자자가 손에 쥐는 달러 금액이 달라집니다.

1달러가 1,000원이라면(달러 대비 원화 가치가 강세), 국내 주식 1주에 1만 원짜리 15주를 팔고 15만 원, 즉 150달러를 손에 쥐게 됩니다. 만약 1달러가 1,500원이라면(달러 대비 원화 가치 약세) 주가가 그대로여도 똑같이 15주를 팔았을 때 100달러만 얻게 되죠. 따라서 환율이 내리면(원화 가치 상승, 달러 가치 하락) 달러 수익이 커지니 외국인 투자자가 한국 증시로 몰리게 됩니다. 그러니 일반적으로 주가는 올라가죠.

반대로 환율이 오르면(원화 가치 하락, 달러 가치 강세) 주가는 내려갈 가능성이 높습니다. 국내 주식 주가가 올라, 수익을 냈다 해도 평소보다 더 적은 달러를 손에 쥐게 되기 때문입니다. 그러니 외국인 투자자들은 국내 주식에 투자하지 않고 미국 증시로 이동해버립니다.

환테크란 무엇일까

만약 환율의 방향을 예측할 수 있다면 어떨까요? 이 방법으로 '환테크'를 할 수 있습니다. '환테크족'은 환율과 재테크족의 합성어인데요. 환율 변동을 이용해 차익을 챙기는 사람들을 말합니다. 1달러를 1,300원에 샀다가 1,400원에 팔면 100원의 이익을 볼 수 있겠죠? 환율 차이가 클수록, 사놓은 달러가 많을수록 이익은 더 커질 겁니다. 반대로 1,400원을 주고 산 1달러가 1,300원이 된다면 100원을 손해 보는 거죠.

네이버에서 '환율'을 검색해볼까요? '환율 더보기'를 눌러보면 '매매기준율' '현찰 살 때' '현찰 팔 때' '송금 보낼 때' '송금 받을 때'가 나뉘어 있죠. 고객이 은행에서 외화를 사고팔 때의 기준이 되는 가격이 '매매기준율'입니다. 쉽게 말해 외화의 '원가'라고 할 수 있습니다.

은행이 고객에게서 현찰을 살 때는 원가(매매기준율)보다 싸게, 팔 때는 원가보다 비싸게 팝니다. 이 차액, 즉 '환전 수수료'가 은행의 수입이 됩니다. 마찬가지로 고객이 '송금 보낼 때'는 원가보다 원화를 많이 내고, '송금 받을 때'는 원가보다 원화를 적게 받게 됩니다. 은행이 환전 수수료를 가져가기 때문이죠. 송금 거래의 경우 현금을 환전하는 경우보다는 수수료가 쌉니다. 실물 돈을 보관하거나 수송하는 데 비용이 빠지기 때문입니다.

'환율 우대'도 챙겨야 하는데요. 환율 우대율이란 환전 수수료 할인율을 의미합니다. 1달러 매매기준율이 1,200원이고 환전 수수료가 100원이라고 가정해볼게요. 고객이 1달러를 사려면 1,300원을 내야 합니다. 은행은 수익 100원을 얻습니다. 환율 우대율이 90%라면, 100원의 90%를 할인해준다는 뜻입니다. 고객은 환전 수수료를 90원(100원×90%)을 할인받아, 10원만 내면 됩니다. 1달러를 1,210원에 살 수 있습니다. 환율 우대율이 100%라면? 환전 수수료가

100% 할인되는 셈이니, 환전 수수료를 내지 않아도 됩니다. 고객은 원가 그대로 1달러를 살 수 있습니다. 환율 우대율이 높을수록 고객 입장에서는 좋은 겁니다.

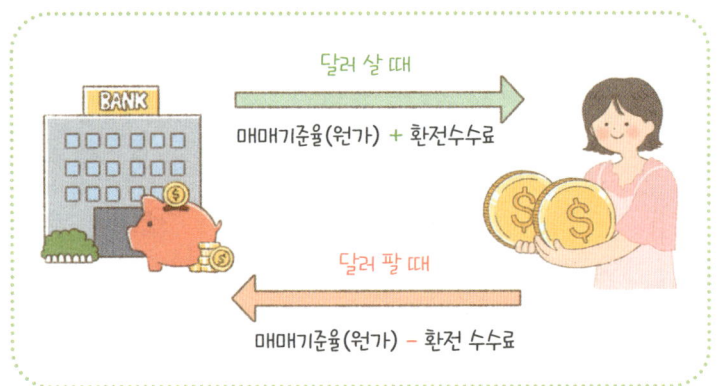

환테크 할 때 생각해야 할 것들

하지만 실시간으로 바뀌는 환율에 따라 돈을 사고파는 건 쉽지 않습니다. 환율뿐만 아니라 환전 수수료까지 고려해야 하니까요. 은행권은 환테크를 쉽게 할 수 있는 상품들을 내

났습니다.

2024년 토스뱅크가 금융권 최초로 '환전 수수료 평생 무료'를 선언했습니다. 바꿔 말하면 환율 우대율이 100% 적용된다는 의미입니다. 토스뱅크의 '외화 모으기' 서비스를 이용하면 환테크가 더욱 쉽습니다. 특정 외화가 설정한 가격으로 내려가면 알림과 동시에 자동 매수를 해줍니다. 예를 들어 매주 월요일에 100달러를 환율 1,323.25원 이하일 때 구매한다는 조건을 걸면 자동으로 거래가 이뤄지는 겁니다.

토스뱅크의 영향으로 시중은행들도 전용 통장에서 원화를 외화로 환전할 때 수수료를 받지 않는 '트래블로그(하나은행)' '쏠(SOL) 트래블(신한은행)' 카드 등을 내놨습니다. 해외 ATM 인출 시에도 수수료가 없는 경우가 많아(현지 ATM 운영사 수수료 제외) 해외여행을 가는 사람에게도 인기를 끌고 있습니다.

다만, 이 카드들은 토스뱅크와 다르게 '재환전' 시 수수료가 붙는다는 점을 유의해야 합니다. 외화를 원화로 다시 바꿀 때 환전 수수료를 1%가량 붙이거나, 환율 우대를 50%까지만 적용하는 식입니다. 이 수수료는 은행의 수입이라는 이유도 있겠지만 '환투기' 방지라는 목적도 있습니다. 토스뱅크가 하루 환전 금액을 1,000만 원(월 1억 원)으로 제한한 것도 환투기를 막기 위해서입니다.

장기로 달러에 투자하고 싶다면 '달러예금'이 있습니다. 입금 시점의 환율로 달러를 사 모았다가 출금·만기 때 달러나 원화로 환전해 받는 금융상품이에요. 원-달러 환율이 낮을 때 달러를 예치해 놓고, 환율이 상승하면 달러를 인출해 원화로 바꾸면, 환차익을 얻을 수 있죠.

달러예금은 미국의 기준금리를 반영하는데요. 2025년 7월 기준 미국 정책금리(4.25~4.50%)는 한국 기준금리(2.50%)보다 1.75~2.00%p 높습니다. 시중은행 일반 예금 연이율은 3%가 되지 않는데요. KB국민은행의 달러예금 연이율은 1년 이상 3.66%, 3~6개월 3.81%입니다. 높은 연이율은 안전장치가 되기도 합니다. 환율 하락에 따른 환차손이 생기더라도 예금금리가 이를 보완해줄 수 있는 거죠.

달러예금의 또 다른 장점은 달러를 원화로 환전하면서 얻는 환차익에 세금이 부과되지 않는다는 점이에요. 일반 예·적금과 마찬가지로 예치 기간에 발생하는 이자에만 이자소득세(15.4%)를 내면 됩니다.

환차익을 노리며 큰 금액을 하루에도 몇 번씩 환전·재환전 하면 '환리스크'에 노출됩니다. 환율은 대내외 상황에 따라 예상치 못하게 급변할 수 있습니다. 전쟁이 일어나면 달러에 글로벌 자금이 몰렸다가, 트럼프의 정책으로 다시 빠져나가는 것처럼요.

이처럼 환율은 거시적이고 복잡한 변수에 따라 결정되기 때문에 막연한 기대감으로 투자하면 큰 손해를 볼 수 있습니다. 하루에도 환율이 수십원씩 오르내리면 언제가 고점이고 저점인지 알기 어려우니까요.

전문가들은 환율을 예측해서 투자한다는 생각보다 포트폴리오를 분산하는 차원에서 투자하라고 조언합니다. 주식 등 다른 투자 자산이 하락할 가능성에 대비한 '보험'으로 외화를 생각하라는 거죠. 투자 방법도 보험처럼 적립식으로 조금씩 하는 것을 추천합니다. 위기가 언제 찾아올지 알 수 없기 때문입니다.

5장에서는 '대출'에 대해 다룹니다. 위험한 빚을 지지 않는 법, 돈을 잘 빌리고 잘 갚는 법을 알아볼게요. 복잡하고 어렵게 느껴지는 정책 대출에 대해서도 한눈에 알아보겠습니다.

5장

돈은 어떻게 잘 빌리나요?

담보대출과 신용대출 제대로 이해하기

대출이나 빚이라는 단어를 들으면 어떤 생각이 드시나요? 막연한 두려움을 느낄 수도 있고, 반대로 미래 투자를 위해 적극적으로 쓰는 것이라고 생각할 수도 있을 거예요. 어떤 지인의 지인의 지인은 빚 때문에 허덕이다 파산했다는데, 또 다른 지인의 지인의 지인은 대출금으로 투자를 해서 대박을 쳤다고 합니다. 이제 막 경제생활을 시작한 사람이라면 뭐가 맞나 싶어 어리둥절해지죠. 하지만 귀여운 월급만으로는 마련하기 힘든 전셋값, 하루에도 여러 번씩 꺼내 드는 신용카드를 생각하면 빚 없는 사람 찾기가 어려울 겁니다.

담보대출과 신용대출은 어떻게 다를까

결국 대출도 어떻게 활용하는지가 관건입니다. 우선 대출은 크게 담보대출과 신용대출로 나눠볼 수 있어요. 친한 친구끼리 돈을 빌리는 상황을 생각해볼게요.

> **A** 친구야, 나 10만 원만 빌려줄 수 있어? 카드값이 생각보다 많이 나왔어ㅠㅠ

> **B** 그래, 우리 사이에 10만 원 정도야… 근데 언제까지 갚을 수 있어?

> **A** 나 10일 뒤에 월급 들어오면 바로 갚을게. 정말 고마워!

대출이란 '빌린 사람(A)'이 약속한 기간(10일 뒤) 안에 '빌려준 사람(B)'에게 돈을 돌려줄 것이라는 믿음을 바탕으로 합니다. 빌려주는 입장에서는 '믿어도 될까'를 따져봐야 하고, 빌리려는 사람은 '무사히 갚을 수 있는 사람'임을 증명해야 하는 거래입니다.

물론 빌려준 사람(B) 입장에서 빌린 사람(A)이 못 미더울 수도 있습니다. 다른 친구한테 들어보니 5만 원을 빌리고 예정보다 늦게 갚은 적도 있다고 하고요. 이러면 B 입장에서는 불안할 거예요. 그러다 보니 "빌려주긴 하겠다만… 못 갚으면 저번에 산 게임기 나 줘"라고 할 수도 있겠죠. 만약 B가 A를 믿어서 바로 돈을 빌려준다면 신용대출, 갚지 못할 경우에 게임기를 가지는 조건을 건다면 담보대출이 됩니다.

　대표적인 담보대출이 주택담보대출(이하 주담대)입니다. 집값이 워낙 비싸니 보유하고 있는 현금만으로 내 집을 마련하긴 어렵습니다. 가진 돈을 영혼까지 끌어모아야겠지만 대출도 필요하죠. 이때 내가 구매한 집을 은행에 담보로 잡히는 대출이 주담대입니다. "이거 내 집 아니고 은행 집이야"라는 유주택자의 쓸쓸한 농담 들어본 적 있으신가요? 가능성은 크지 않겠지만 대출을 갚기 어려워질 경우 담보로 잡힌 집을 내놔야 하기 때문이죠.

　담보의 종류에 따라 담보대출도 다양합니다. 허그 같은 공공기관의 보증이 담보 역할을 하는 전세자금대출, 은행에 넣어둔 예금을 담보로 하는 예금담보대출 등이 있고, 보험료를 꼬박꼬박 냈다면 나중에 돌려받게 될 보험 해지환급금을 담보로 보험계약대출을 받을 수도 있어요.

상식적으로 생각해보면 빌려주는 쪽은 담보가 없는 경우보다 담보가 있는 경우를 한결 더 안전하다고 느낄 거예요. 빌려간 사람이 돈을 갚지 못해도 담보가 있으니 담보를 내다 팔아 떼인 돈을 메꿀 수 있기 때문입니다. 이 때문에 담보대출의 경우 내 담보를 입증하는 절차가 복잡하지만 입증만 되면 비교적 많은 금액(한도)을 비교적 낮은 금리로 빌릴 수 있고, 신용대출은 담보 대신 신용을 확인하니 절차는 비교적 간편하지만 큰돈이 필요할 때는 적절치 않고 이자 부담이 클 수 있어요.

신용대출은 '나를 믿어주시오' 하는 겁니다. 개인의 신용이 담보를 대신하는 거죠. 빌리는 사람의 월급은 어느 정도인지, 직장이 안정적인지, 혹시 예전에 돈을 빌리고 제때 못 갚은 적이 있는지 등이 반영된 신용점수를 따져봅니다. A와 B의 사례에서 B는 A에게 신뢰가 있으니("우리 사이에") 돈을 빌려주기로 결심합니다. 금융기관을 통한 대출에서는 신용점수가 곧 신뢰의 기준이 돼요.

예전에는 점수가 아닌 등급을 매겼지만 조금 더 섬세하게 신용을 평가하기 위해서 2021년부터는 점수를 매기고 있습니다. 신용점수는 나이스^{NICE}평가정보, 코리아크레딧뷰로^{KCB} 같은 개인신용평가^{CB}사가 산정합니다.

    신용평가사는 과거에 돈을 빌린 적이 있는지, 빌렸다면 제때 잘 갚았는지, 소득이나 자산 수준에 견줘 빚이 너무 많지는 않은지 등을 주요하게 봅니다. 앞에서 체크카드나 신용카드를 합리적인 수준에서 오래 쓰면 신용점수에 도움이 된다고 설명했습니다. 이러한 신용거래 형태도 신용평가사가 눈여겨보는 요소예요.

    은행 등 금융회사는 신용평가사가 산출한 신용점수와 각 회사 내부의 신용평점시스템^{CSS}을 종합적으로 활용해 대출 승인 여부나 금리 수준을 결정합니다. 예를 들어 어떤 사람이 C은행과는 거래를 많이 한 반면에 D은행과는 초면이라면, C은행은 아무래도 이 사람에 대한 정보가 많으니 우수 고객이라고 판단해 금리를 깎아줄 수도 있겠죠.

신파일러와 신용평점시스템

신파일러$^{Thin\ Filer}$라는 말이 있습니다. '파일의 두께가 얇은 사람'이라는 뜻입니다. 무슨 말이냐고요? 금융회사에서 고객을 평가하려고 하는데 자료가 많지 않은 고객을 말합니다.

취업준비생, 가사노동자, 노인 등이 대표적인 신파일러로 꼽힙니다. 돈을 잘 갚을 거라고 믿을 만한 자료(기존 대출 상환 이력, 신용카드 사용 내역 등)가 없으니 심사에서 불리한 대우를 받는 경우가 많았어요.

이런 문제를 해결하기 위해 최근에는 금융회사 내부의 신용평점시스템에서 기존에 쓰지 않던 자료도 활용하는 추세가 나타나고 있어요. 대출을 받은 적은 없지만 공과금이나 통신요금을 성실히 냈다면 믿어도 되겠다고 평가하는 식입니다. 신파일러 입장에서는 금융거래에서 더 나은 대우를 받을 수 있고, 금융회사는 우량 고객을 발굴할 수 있다는 장점이 있습니다.

대출금리는 어떻게 정해질까

대출 종류가 다양하기는 하지만 보통 대출을 받을 때는 전세자금처럼 사용처가 명확한 경우가 많습니다. 대출 종류는 사실상 결정된 상태에서 어디 은행이 제일 좋을지 등을 비교하게 되죠. 이때 단연 중요한 것이 바로 대출금리입니다.

0.1%포인트라도 낮은 금리에 빌려야 이자 부담을 줄일 수 있으니까요.

그런데 대출금리는 대체 어떻게 정해지는 걸까요? 단순하게 설명하면 대출금리는 금융기관이 산정한 기본금리에다가 빌리는 사람의 상황에 따라 달라지는 가산금리가 추가되거나 빠지는 구조입니다. '대출금리=기본금리+가산금리'가 되는 거죠.

기본금리는 이런 겁니다. 고객에게 돈을 빌려주기 위해서는 은행 역시 어딘가에서 돈을 조달해와야 해요. 은행이 1%의 금리로 여기저기서 1억 원을 조달했고, 그걸 다시 고객에게 대출해준다고 해볼게요. 그렇다면 당연히 1%보다는 높은 이자를 매겨야 은행 입장에서는 손해를 보지 않을 겁니다. 여기서 은행이 1억 원을 조달할 때 붙은 1%라는 금리가 기준이 되는 거예요. 은행은 자신의 신용도를 담보로 채권(금융채)을 발행하기도 하고, 예·적금을 판매해서 자금을 조달해요.

주요 은행이 자금을 조달할 때 드는 비용을 계산한 지표를 '코픽스(자금조달비용지수)'라고 합니다. 일종의 대출 원가죠. 금융채 금리나 코픽스가 대출금리 수준을 크게 좌우

합니다. 또 하나 중요한 것은 한국은행의 기준금리입니다. 한국은행의 기준금리는 채권금리 등 시장금리에 전반적으로 영향을 미치기 때문에 기준금리가 오르거나 내리면 시차를 두고 은행의 조달금리, 즉 대출 기본금리에도 영향을 줍니다.

가산금리는 대출 종류, 상품, 금융기관, 사람에 따라 달라집니다. 인건비나 전산처리비용 같은 업무원가도 은행마다 다를 테고, 은행도 기업인 만큼 전략에도 차이가 있을 거예요. 올해 대출을 열심히 해보기로 결정한 C 은행은, 이미 작년에 대출을 많이 해서 올해는 그러지 않아도 된다고 판단한 D 은행보다, 금리를 낮게 책정해서 고객을 모으려고 하겠죠.

가산금리에 영향을 미치는 요소 가운데 어떤 게 큰 영향력을 발휘하는지도 일관되게 정해진 것은 없다는 것이 은행권의 설명입니다. 예를 들어 부동산이라는 명확한 담보가 있는 주담대라면, 가산금리를 산정할 때 신용점수의 영향은 그리 크지 않을 겁니다. 반면 신용대출의 경우에는 신용점수가 가산금리를 정할 때 중요하게 작용하겠죠.

대출금리의 산정

기본금리(대출 기준금리)	가산금리
- 코픽스(주요 은행의 자금조달비용지수) - 금융채 금리 (금융기관이 발행하는 채권의 금리) - 한국은행 기준금리가 영향을 미침	- 고객 신용점수 등을 반영한 위험 관리 비용 - 은행의 인건비와 전산처리비용 등 업무원가

대출금리 = 기본금리(대출 기준금리) + 가산금리

　기본금리에 가산금리를 더한 최종 금리를 일부 깎아주기도 합니다. 우대금리라는 단어 많이 들어보셨죠. 보통 고객을 확보하기 위해서 해당 금융사의 계좌로 월급을 이체하거나 카드를 추가로 발급하면 금리를 낮춰주고는 해요.

　대출 금리에도 종류가 있습니다. 금리변동 방식에 따라서 고정금리와 변동금리로 나뉘는데요. 고정금리는 말 그대로 처음 대출을 받을 때 정해진 금리가 만기 때까지 변함없이 유지되는 방식입니다. 반면 변동금리는 일정 주기마다 대출 기준금리의 변화를 반영해 이자 부담이 기존보다 커질 수도, 작아질 수도 있어요(3·6·12개월 등으로 나뉘는데 보통 6개월마다 바뀝니다). 두 가지를 섞은 혼합금리도 있는데, 일정 기간(보통 5년)은 금리가 유지되다가 이후에 변동금리(보통 6개

대출금리의 종류

종류	특징	장점	단점
고정금리	대출 실행 시 결정된 금리가 대출 만기까지 동일하게 유지	시장금리 상승기에 금리 인상이 없음. 대출 기간 중 월 이자액이 균일하여 상환 계획 수립이 쉬움	시장금리 하락기에 금리 인하 효과가 없어 변동금리보다 불리함. 일반적으로 대출 시점에는 변동금리보다 금리가 높음
변동금리	일정 주기(3, 6, 12개월 등)마다 대출 기준금리의 변동에 따라 대출금리 변동	시장금리 하락기에는 이자 부담을 덜 수 있음. 일반적으로 대출 시점에는 고정금리 방식보다 금리가 낮음	시장금리 상승 시 이자 부담이 커질 수 있음
혼합금리	고정금리 방식과 변동금리 방식이 결합된 형태 (통상 일정 기간 고정금리 적용 후 변동금리 적용)	금융 소비자의 자금 계획에 맞춰 운용 가능	

월)로 바뀌는 거예요.

 한국은행 기준금리가 오르고 시장금리도 오르는 '금리 인상기'에는 고정금리 대출을 선택하는 게 유리합니다. 시장금리가 오르면 대출 기본금리도 오르게 되는데, 대출을 받을 당시 확정했던 금리가 그대로 유지되니 부담이 늘어나는 걸 막을 수 있습니다.

반면 금리가 내릴 것 같은 상황에는 변동금리를 고르면 시간이 지나면서 이자 상환 부담을 덜 수 있겠죠. 물론 금리가 오르는 인상기에는 고정금리가 변동금리보다 다소 높게 책정됩니다. 이후에 금리를 올리지 못하니, 애초에 높게 설정하는 것이 금융사 입장에서는 이자를 더 받을 수 있는 길이니까요.

대출할 때 이것만은 꼭 피하자

앞서 시중은행, 인터넷전문은행(인뱅), 지방은행 외에도 2금융권이라고 불리는 예금 기관이 있다는 걸 살펴봤습니다. 대출 역시 마찬가지예요. 은행 외에도 저축은행, 카드사, 보험사 등 돈을 빌릴 수 있는 금융기관의 종류는 다양합니다.

일반적으로 대출금리는 1금융권보다 2금융권에서, 2금융권보다는 대부업체에서 높습니다. (여기서 말하는 대부업은 금융위원회나 지방자치단체에 등록된 합법적인 업체예요. 금융감독원 파인 포털에서 등록 대부업체 명단을 확인할 수 있습니다. 미등록 대부업체는 쳐다도 보면 안 됩니다.) 신용점수가 낮은 사람일수록 1금융권에서 돈을 빌리기 어렵다 보니 신용위험을 반영해 금리를 높게 책정하는 거죠. 금융기관이 돈을 빌려올 때도 마찬가지예요. 자산 규모가 크고 조금 더 튼튼한 1금융권보다 2금융권이 조달 비용이 더 클 수밖에 없으니 높은 대출원가가 반영돼 대출금리도 높은 겁니다.

그렇기 때문에 대출을 받을 땐 이자 부담을 조금이라도 줄일 수 있게 1금융권을 우선으로 고려하는 게 좋습니다. 신용점수에 미치는 영향도 2금융권이 더 커요. 만약에 카드론을 자주 이용하면 '이 사람은 자주 돈이 부족한데 1금융권에서는 대출받기가 어려운가 보다'라고 생각해서 신용점수를 낮추는 요인이 됩니다. (다만 정부에서 2019년에 제도 개선을 하면서 2금융권 대출에 따른 신용점수 하락 폭이 작아졌습니다. 대출 종류나 금리 수준에 따라 하락 폭에 차이가 있어요.)

빚을 현명하게 활용하자

빚도 자산이라는 말이 있죠. 낮은 금리에 돈을 빌려 투자해 높은 수익률을 낸다면 빚은 자산을 늘리는 데 도움을 줄 수 있습니다. 대출을 잘 모르면 빌릴 수 있는 능력을 잘 활용하지 못하는 셈입니다. 엄청난 자산가가 아니고서야 빚 없이 집을 마련하는 건 사실상 불가능하고요. 과도한 대출로 원금 손실 위험이 있는 투자에 나선다면 빚은 발목을 잡는 원수가 되겠지만, 합리적으로 활용한다면 우리의 경제생활은 조금 더 풍요로워질 거예요.

마이너스 통장은 대출과 뭐가 다를까

"신용카드는 사용 금액을 매달 갚아야 하지만, 마이너스 통장은 1년 안에 자유롭게 갚을 수 있어."

처음 '마이너스 통장'에 대해 들어본 것은 친구가 취업했을 때입니다. 합격 발표가 나고, 첫 출근을 하기까지 몇 달이 걸렸다고 합니다. 회사에 붙었는데, 계속 집에 손을 벌리기에는 눈치가 보였대요. 고민하던 찰나, 입사자 모임에서 마이너스 통장에 대한 정보를 얻었다고 합니다. 그 돈으로 입사 전에 여행도 가고, 첫 월급을 받을 때까지 생활비로도 썼다고 해요.

'마통'이라고 부르는 마이너스 통장은 많이 들어보셨을 텐데요. 잔액이 없어도 현금을 뽑을 수 있는 통장을 말합니다. 친구가 마이너스 통장을 뚫는다고 했을 때 저는 '마이너스 통장은 대출과 뭐가 다른 거지?' 궁금증부터 들었습니다.

마이너스 통장과 대출의 차이점

정답부터 말하면 마이너스 통장은 신용대출의 한 종류입니다. 신용대출은 두 가지로 나뉘는데요. '건별대출'과 '신용(유동성)한도대출'입니다. 건별대출이 일반적으로 우리가 알고 있는 일반신용대출이고, 신용한도대출이 마이너스 통장을 뜻합니다.

두 가지 신용대출을 비교해볼게요. 최대한 많은 돈이 장기적으로 필요하다면 건별대출, 그때그때 일시적으로 필요한 만큼 돈을 쓰고 싶다면 마이너스 통장이 적합합니다. 건별대출을 할 경우, 실행일에 '정해진' 대출 금액 전체가 통장으로 한번에 입금되죠. 그 금액만큼 이자를 부담하게 되고요. 대출 금액은 만기 때 한번에 갚거나, 대출 기간 동안 나눠서 갚겠다고 미리 정합니다. 돈을 빌린 고객이 만기 전에 대출금을 갚을 경우 은행에 수수료(중도상환수수료)를 내야 합니다.

　　마이너스 통장은 한번 개설하면 필요한 금액을 별도 심사 없이 수시로 찾고, 원할 때 갚을 수 있어 자유로워요. 이자는 자신이 사용한 금액에 대해서만 내면 됩니다. 5,000만 원 한도로 마이너스 통장을 만들어 놓고 3,000만 원을 썼다면 5,000만 원이 아니라 3,000만 원에 대한 이자만 내면 됩니다. 이자는 하루 단위로 붙습니다. 마이너스 한도를 사용하지 않은 날은 대출 이자가 부과되지 않고요. 마이너스 한도를 사용한 일수에 대해서 사용한 금액만큼 이자가 부과되는 겁니다. 바꿔 말하면, 5분 만에 돈을 갚아도 하루 치 이자(하루 사용 최고 금액 대상)는 내야 한다는 거죠.

　　마이너스 통장은 1년 단위로 최대 10년까지 연장이 가능합니다. 갱신 시기에 적용되는 신용점수에 따라 대출한도가 줄어들거나 대출금 일부를 상환해야 할 수도 있어요. 개인 신용도에 따라 마이너스 통장 한도는 통상 수천에서 수억까지 가능해요. 은행 정책마다 다르지만 직장인 기준으로 적게는 연봉, 많게는 연봉의 2배까지 내줍니다. 마이너스 통장은 건별대출과 달리 중도상환수수료가 없습니다. 여윳돈이 생기면 빌린 돈을 바로 갚으면 됩니다.

마이너스 통장 금리는 건별대출보다 높아요. 왜 그럴까요? 고객이 언제 돈을 뺄지 모르니 은행은 마이너스 통장 한도만큼 돈을 항상 보유하고 있어야 합니다. 게다가 중도상환수수료를 받을 수 없어 건별대출을 내주는 것보다 이득이 적습니다. 마이너스 통장 연이율이 건별대출보다 조금 더 높은 이유예요. 2025년 3월 기준 시중은행(국민·신한·하나·우리)에서 취급된 건별대출 평균금리는 4.35~4.66%입니다. 같은 기간 마이너스대출 평균금리는 4.54~5.12%네요. 건별대출보다 조금 더 높죠?

마이너스 통장도 신용대출의 하나인 만큼 자신의 신용도나 은행·상품마다 금리가 다르게 적용됩니다. 마이너스 통장은 대체로 직장인이 많이 이용한다고 알려져 있습니다. 재직증명서를 제출하거나, 전문자격증이 있으면 만들기 쉬워요. 하지만 꼭 직장인이어야 할 필요는 없고 은행을 일정 기간 이용한 주부 등도 만들 수 있습니다.

건별대출을 이용할 때처럼 마이너스 통장을 만들 때도 고려사항은 비슷합니다. 기본금리가 낮은 상품을 찾아 가입하면 되죠. 건별대출처럼 마이너스 통장도 실직 등 신용 상태에 변화가 생기면, 대출을 연장할 때 조건이 달라집니다. 재직 중이던 회사에서 퇴사하게 되면 소득을 증빙할 수 없어 마이너스 통장을 연장할 수 없게 될 수도 있습니다.

현재 사용하는 마이너스 통장을 더 조건이 좋은 마이너스 통장으로 바꾸고 싶다면 일명 '대출 갈아타기'라고 불리는 '대환대출'도 가능합니다. 신규 약정 뒤 6개월이 지나면 가능합니다. '금리인하요구권'도 쓸 수 있습니다. 취업, 이직, 승진, 전문자격증 취득 등으로 소득이 증가했거나, 재산이 증가한 경우 신용 상태가 좋아졌다는 것을 자료로 증명해 은행에 금리를 낮춰달라고 요구할 수 있는 권리입니다.

은행 직원들은 "당장 카드값이나 세금을 낼 돈이 필요할 때, 한마디로 '급전'이 필요할 때 마이너스 통장이 유용합니다. 짧게 쓰고 갚으면 이자 부담이 덜하기 때문입니다. 부동산 계약 등 중·장기(1년 이상) 목적의 자금은 상대적으로 금리가 낮은 건별대출을 이용하는 게 좋습니다"라고 조언합니다.

마이너스 통장, 신중하게 만들어야 하는 이유

"당장 쓸 일이 없어도 마이너스 통장을 미리 뚫어둬라" 주변에서 이런 이야기 들은 적 있으신가요? 일부 은행에서도 "큰돈이 필요할 때를 대비해 만들어 놓음직하다"고 광고하기도 합니다.

하지만 무작정 만들어두는 게 능사는 아닙니다. 마이너스 통장은 입출금이 자유로우니, 평소 사용해오던 입출금통장처럼 가볍게 생각하기 쉽습니다. 빚을 진다는 인식 없이 돈을 쓸 수 있고, 어떤 경우에는 마치 공돈인 양 여겨지기도 하죠.

마이너스 통장 개설에 신중해야 하는 이유는 또 있습니다. 마이너스 통장 '사용 금액'이 아닌 '한도'만큼 자신의 신용대출 금액으로 잡히기 때문입니다. 한도 5,000만 원 가운데 3,000만 원만 썼다고 해도, 신용대출 금액은 5,000만 원으로 나타납니다.

사용한 3,000만 원을 모두 갚아도 마찬가지입니다. 마이너스 통장 한도인 5,000만 원만큼 대출한 상태로 취급되죠. 그러니 마이너스로 사용한 금액이 없어도 그 금액만큼 사용한 것으로 취급돼, 다른 대출을 받을 때 한도가 줄어들 수 있어요.

사용하지 않는 마이너스 통장이 있다면, 한도를 낮추거나 별도로 해지 신청(약정 취소)을 하면 됩니다. 주택담보대출을 최대한도로 받고 싶을 때 마이너스 통장을 닫는 경우가 많아요. 또, 마이너스 통장을 만들어 놓고 사용하지 않으면 은행에서는 한도를 줄여버리기도 합니다. 3개월 이후에도 약정금액의 50% 이상 사용하지 않으면 최대 절반까지 한도를 줄이는 식이죠. 괜히 미리 만들어뒀다가 정작 필요할 때 충분한 한도를 쓰지 못하는 경우가 생길 수 있죠.

마이너스 통장 이자는 매달 일정한 날짜에 마이너스 통장에서 자동으로 빠져나갑니다. 예금 잔액이 부족해도 마이너스 통장 한도가 남아있다면 그 한도 내에서 이자가 빠져나가요. 이자가 한도를 넘는다면 연체가 되니 주의해야 합니다.

예를 들어, 마이너스 통장 한도가 200만 원인데 190만 원을 썼고, 이자가 5만 원이 나온다면 한도 이내라 연체가 아닙니다. 하지만 198만 원을 썼는데 이자가 5만 원이라면 한도를 초과한 것이므로 연체가 돼요. 연체되면 신용점수

하락에 영향을 줄 수 있습니다.

또 마이너스 통장은 건별대출과는 달리 이자가 복리로 붙어요. 빌린 돈에 이자가 붙고, 이를 상환하지 않으면 '빌린 돈과 이자'에 다시 이자가 붙죠. 연이율을 떼놓고 보더라도 건별대출보다 이자 부담이 큰 구조입니다.

마이너스 통장을 불가피하게 써야 한다면

마이너스 통장을 조금 더 똑똑하게 사용하는 방법도 있는데요. 생활비 통장은 마이너스 통장으로 만들지 않는 편이 좋습니다. 여유자금에서 공과금이 빠져나간다면 이자가 발생하지 않지만 마이너스 통장에서 빠져나간다면 이자가 발생하기 때문입니다.

만약 마이너스 통장에서 각종 공과금이 빠지게 돼 있다면 연체가 되지 않게 한도를 잘 살펴야겠죠. 이런 점을 고려한다면 월급통장을 마이너스 통장으로 약정하는 편이 좋습니다. 정기적으로 월급이 들어오면 그때마다 상환이 이뤄지기 때문에 이자를 조금이라도 줄일 수 있기 때문입니다.

소액이 필요한데 마이너스 통장은 부담스럽다면 '비상금대출' 상품을 이용할 수 있습니다. 신용도에 따라 통상 50만 원에서 300만 원 한도까지 인출할 수 있는 소액 마이너스 통장입니다. 대출과 상환 방식은 비슷하지만 한도가 적습니다. 한도 증액이나 감액도 안 되죠. 대신 연체 등 특별한 거절 사유가 없다면, 직업·소득에 관계없이 대출이 가능합니다.

카카오뱅크에서는 현금이 없는데 경조사비를 내야 할 때, 월급날 전 갑자기 돈이 필요할 때, 무심코 사용했던 현금서비스로 신용점수가 하락했을 때 비상금대출이 유용하다고 설명하고 있습니다. 대출 실행이 간편한 만큼 금리는 마이너스 통장보다 조금 더 비쌉니다.

2025년 3월 21일 기준 카카오뱅크 비상금대출 금리는 연 4.52~15.00% 수준입니다. 같은 날 기준 카카오뱅크 마이너스 통장 금리는 연 5.12~7.20%네요. 신용도에 따라 비상금대출 최대금리가 마이너스 통장 최대금리보다 2배 차이가 날 수도 있는 거죠.

이럴 때를 대비해 통장 쪼개기로 '비상금 통장'을 만들어 두는 게 좋다고 앞에서 설명했던 거예요. 비상금 통장을 활용해서 마이너스 통장, 비상금대출을 최대한 안 쓸 수 있다면 좋겠죠? 만약 불가피하게 써야 한다면 먼저 상환 계획을 제대로 세우는 것을 잊지 마세요.

잘 빌린 만큼
잘 갚는 법

앞에서 알아본 내용을 통해 대출을 잘 활용했다면, 가장 중요한 '잘 갚는 일'이 남아있습니다. 만약 서로 다른 목적의 대출이 여러 개 있고, 그 금액도 적은 것부터 큰 것까지 다양하게 쌓여 있어서 부담이 될 때는 대출을 활용하기 이전에 무사히 상환하는 게 우선이겠죠.

전세자금대출이나 주택담보대출 등은 예외가 될 수도 있지만, 당장 생활비가 쪼들려 신용대출 등을 받은 경우라면 더더욱 갚는 게 먼저입니다. 그렇다면 잘 빌린 만큼 잘 갚기 위해서는 어떻게 해야 할까요?

현명하게 대출 상환하는 법

금융 전문가들이 공통으로 손에 꼽는 상환 1순위는 바로 '연체된 대출'입니다. 단순히 특정 대출의 문제에서 끝나는 게 아니라, 조금만 시간이 지나도 연체 정보가 다른 금융회사로 공유되면서 앞으로의 금융생활에 부정적인 영향을 미치기 때문입니다.

10만 원 이상 금액을 5일 이상 연체하면 신용정보회사를 통해 단기 연체 사실이 금융회사에 공유되고, 대출 원리금을 3개월 이상 제때 갚지 못하면 신용정보원에 등록돼버려요. 어찌어찌 대출을 다 갚아도 길게는 5년까지 기록이 남아 신용점수를 떨어뜨리는 등 발목을 잡을 수 있으니 무조건 연체된 대출부터 갚아야 합니다.

만약 연체된 대출이 없다면 3금융권(대부업)→2금융권→1금융권 순으로 상환 계획을 세우는 게 좋아요. 1금융권보다는 2금융권의 대출이 금리도 높고 신용점수에도 더 나쁜 영향을 미치기 때문입니다. 대부업 대출이 있다면 대부업부터, 그다음에는 2금융권 대출부터 서서히 지워가면 상환 부담이 큰 것부터 덜어낼 수 있고 신용점수를 올리는 데도 도움이 되니 일석이조겠죠.

여러 곳에 대출이 흩어져 있을 때는 건수를 줄일 필요도 있어요. 1,000만 원짜리 대출과 500만 원짜리 대출 2건이 있는 사람에게 500만 원의 여유 자금이 생기면 1,000만 원짜리 대출을 일부 상환하는 것보다는 500만 원짜리 대출을 없애버리는 게 신용점수 관리에 더 좋습니다.

소소하지만 현실적인 이유도 있습니다. 한 시중은행 관계자는 "대출이 여러 곳에 나뉘어 있으면 원리금 상환 날짜도 제각각이라 연체가 생길 가능성이 더 커서 대출이 여러 개인 고객들에겐 가급적 대출을 하나로 묶으시라고 권합니다"라고 설명하더라고요.

상황에 따라 대출 건수와 금리 수준이라는 요소가 함께 맞물릴 수도 있어요. 대출 건수를 줄이려면 500만 원짜리 대출을 갚아야겠지만 1,000만 원짜리 대출의 금리가 훨씬 높다면 당장의 이자 부담과 신용점수 회복 등 사이에서 어디에 집중할지 결정해야겠죠.

대출, 갈아타는 것도 가능할까

마음을 굳게 먹고 허리띠를 졸라매도 대출을 다 갚아버리는 식으로 정리하기란 쉽지 않습니다. (애초에 그럴 수 있었다면 대출의 힘을 빌리지도 않았겠죠….) 하지만 방법은 있습니다. 대표적인 게 '대환대출'입니다. A 금융기관에 대출이 있는 사람이 B 금융기관에서 대출을 받아, 기존 A 대출을 갚는 건데요. 쉽게 말하면 '갈아타기'입니다. 더 낮은 금리로 대출을 바꿀 수 있고, 상환 기간을 늘려 매달 원리금 납부 부담을 덜 수도 있어요. 아까 설명한 것처럼 대출 건수는 적을수록 좋은데, 환승을 통해 대출을 하나로 묶는 것도 가능합니다.

어떤 대출로 갈아타야 유리할지는 어떻게 아느냐고요? 내 상황에서 갈아타기 좋은 다른 대출을 모아볼 수 있는 대환대출 플랫폼을 활용하면 됩니다. 네이버페이, 뱅크샐러드, 카카오페이, 토스, 핀다 등이 서비스를 제공하고 있어요. 2024년 1월 말부터 6개월 동안 13,000명이 넘는 사람들이 대출 갈아타기를 했고, 1인당 연간 242만 원의 이자(금리로는 1.45%포인트)를 아꼈다고 합니다.

단, 대출 갈아타기에는 수수료라는 변수가 있습니다. 금융회사는 다양한 방식으로 자금을 조달한 뒤 대출을 내주고 이자를 받아 돈을 법니다. 그런데 약속했던 만기보다 일찍 대출을 갚아버린다면 수익이 줄어드는 셈이니 수수료를 부과하는 겁니다. 대출일로부터 3년 이내에 만기보다 일찍 갚을 경우에 발생해요.

이 때문에 대출 갈아타기를 이용할 때는 기존 대출을 갚을 때 내야 할 중도상환수수료가 얼마나 되는지 따져봐야 합니다. 대출금리를 낮추려고 환승을 선택했는데 막상 중도상환수수료를 내고 나면 오히려 손해를 볼 수도 있기 때문이죠. 물론 금융회사와 대출상품에 따라 중도상환수수료가 없는 경우도 있습니다.

대출을 무르고 싶어요

목돈이 필요해 대출을 받았는데 갑자기 상황이 바뀌어서 대출이 필요 없어질 수 있습니다. 필요하지도 않은 돈을 빌리는 값으로 이자까지 내면 뭔가 억울한 기분이 들겠죠. 만기 전에 중도상환해도 되지만, 아예 대출을 '무르는' 방법도 있어요.

대출을 받은 날로부터 14일까지는 대출을 취소해달라는 '청약철회권'을 행사할 수 있어요. 대출을 무르고 싶다는 의사와 함께 대출금을 반환하면 됩니다. 대출이 실행되는 과정에서 발생한 부대비용(인지세 등)도 반환해야 해요. 중도상환과 달리 대출을 철회하면 '대출을 받았다'는 기록 자체가 사라진다는 차이가 있어요.

대출 금리인하요구권

대출을 갈아타지 않고 이자 부담을 낮출 수 있는 다른 방법도 있습니다. 돈을 빌렸다고 해서 원금과 이자를 꼬박꼬박 갚아야 할 의무만 있는 건 아니에요. 기존 대출금리를 내려달라고 요구할 수 있는 권리도 있습니다. 이유는 단순합니다. 월급은 얼마인지, 직장은 안정적인지 등을 반영하는 차주의 신용도가 대출금리와 연결되는데, 신용도가 올라가면 이걸 반영해 금리를 낮춰달라고 할 수 있는 거죠.

    은행법에서는 '신용 상태 개선이 나타났다고 인정되는 경우' 은행에 금리인하를 요구할 수 있다고 합니다. 취업준비생일 때 대출을 받았는데 취업에 성공했다면, 회사에서

승진하거나 이직해서 연봉이 오르게 됐다면 대상이 되겠죠. 은행뿐 아니라 카드사 등 제2금융권 대출에도 금리인하요구권을 행사할 수 있습니다. 대부분 대출에 금리인하요구권을 쓸 수 있지만, 정책자금대출이나 학자금대출 등 일부 예외는 있습니다.

금리인하요구권을 쓰려면 신용 상태 개선을 증명하는 자료를 대출을 내준 금융사에 제출하고 판단을 기다려야 해요. 요청이 들어오면 10영업일 안에 결과를 알려주게 돼 있습니다.

다만 금리인하요구권이 수용되는 경우가 많지는 않습니다. 은행연합회와 여신금융협회는 사이트를 통해 각 금융회사의 금리인하요구권 운영 현황을 공개하고 있는데요. 2024년 하반기 기준으로 5대 은행(KB국민·신한·하나·우리·NH농협)의 가계대출 금리인하요구권 수용률은 22.9~46.1% 수준입니다. 세 명 중 한 명 정도만 금리를 낮추는 데 성공했다는 거죠.

빚 부담이 커질 때 도움되는 제도

'개인파산' 같은 말 들어보셨나요? 빚을 정리하고 줄이려고 해도 감당이 안 되는 수준에 빠질 수도 있을 거예요. 노력만으로는 해결이 안 되는 상황까지 왔다면 신용회복위원회나 법원의 도움을 받을 수 있습니다. 과중한 채무를 졌다고 해서 곧바로 사회에서 내쳐지는 대신 회생을 돕고 기회를 주는 제도들이에요.

먼저 법원에서는 개인회생 제도를 두고 있어요. 법원에서 개인회생 신청을 받아들이면, 내 수입에서 최저생계비를 제외한 나머지 금액을 모두 빚을 갚는 데 쓰게 됩니다. 다만 지나치게 과도한 빚을 져 개인회생까지 오게 된 만큼 정해진 변제 기간(기본 3년, 최장 5년)이 지나면 채무가 남았더라도 탕감해줘요. 개인회생을 들어갈 만한 소득조차 없는 경우에는 개인파산 절차를 밟을 수도 있습니다. 채무자가 보유한 모든 자산을 가져가 채권자에게 나눠주고 남은 빚도 지워버리는 겁니다.

신용회복위원회의 채무조정제도라는 것도 있습니다. 기본적으로 연체 이자 감면, 상환 기간 연장 등을 지원하는

데 연체 기간에 따라 신속채무조정(30일 이하), 사전채무조정(30~90일), 개인워크아웃(90일 이상 장기연체)으로 나뉩니다. 신속채무조정은 연체가 시작되지 않았더라도 직장을 잃거나 아프게 되는 등의 이유로 연체가 불 보듯 뻔한 상황이라면 신청할 수 있어요.

사전채무조정은 '프리워크아웃'이라고도 하는데요. 기존 이자율의 30~70% 범위에서 이자율을 조정해주고 최장 10년까지 상환 기간을 연장할 수 있습니다. 장기 연체가 발생한 경우에는 심사를 거쳐 개인워크아웃에 돌입할 수 있습니다. 이 경우 이자 감면은 물론이고 원금도 최대 70%(사회취약계층은 최대 90%)까지 감면받을 수 있습니다. 남은 빚을 최장 10년에 걸쳐 갚아 나가게 됩니다.

신용회복위원회의 채무조정은 법원의 회생·파산보다 절차가 비교적 간단한 것이 장점입니다. 다만 법원과 달리 신용회복위원회와 협약을 맺고 있는 금융회사 빚만 대상이 돼요. 은행, 카드, 캐피탈 빚은 신용회복위원회를 통해 조정할 수 있지만 지인에게 빌린 돈이나 불법사채까지 조정해주지는 못합니다.

법원 개인회생의 경우 신용회복위원회 채무조정에 견

주어 원금을 탕감받을 수 있는 비율도 비교적 높아요. 대신 변제 계획을 세우는 과정에서 변호사 등의 도움이 필요하기도 합니다. 본인의 수입·자산 대비 빚 규모, 빚의 종류 등에 따라 유리한 제도가 달라질 수 있겠죠.

새출발기금

어려움에 빠진 자영업자의 채무 상환을 도와주는 제도로 새출발기금이 있습니다. 앞서 소개한 개인회생이나 워크아웃이 넓은 의미의 개인채무자를 위한 제도라면, 새출발기금은 소상공인이나 자영업자가 금융회사에 진 빚을 조정해주는 프로그램입니다. 코로나19로 경기가 어려워진 점을 고려해 2022년부터 시행하고 있습니다.

채무조정 한도는 담보대출 10억 원, 무담보대출 5억 원 등 모두 15억 원입니다. 자영업자, 소상공인의 어려움을 덜기 위한 제도인 만큼 부동산 관련 대출 등은 지원 대상이 아니며, 채무조정 횟수도 한 번으로 제한돼요. 90일 이상 장기연체가 발생한 부실차주는 새출발기금 사이트 등에서 신청할 수 있고, 신청이 받아들여지면 원금조정·이자감면 등을 지원합니다.

개인채무자보호법

2024년 10월부터 시행된 개인채무자보호법에 대해서도 알아두면 좋습니다. 이 법이 생기면서 '자체 채무조정'이라는 것이 가능해졌기 때문입니다. 기존에는 신용회복위원회라는 일종의 중개인을 거쳐 원리금 탕감 등이 진행됐다면, 이제는 빚을 진 개인이 돈을 빌려준 금융기관에 직접 채무조정을 요구할 수 있게 됐어요. 금융회사는 채무자가 조정을 요청하면 이를 부당하게 거절하거나 미뤄서는 안 됩니다. 대부분은 여러 금융기관에 빚이 흩어져 있겠지만(다중채무), 단일 금융기관의 빚만 조정해도 되는 경우라면 자체 채무조정을 활용할 수 있겠습니다.

개인채무자보호법에는 과도한 추심을 막기 위한 내용도 있습니다. 추심을 시작하기 3일 전에 반드시 통지해야 하고, 일주일에 7회로 추심 횟수가 제한됐어요. 또 특정 시간에는 추심 연락을 하지 말아 달라고 요청할 수 있고, 재난·사고가 발생했을 때도 일정 기간 추심을 유예할 수 있습니다. 만약 법의 범위를 벗어나는 과도한 추심을 당했다면 금융감독원 사이트나 불법사금융신고센터 등에 신고하세요.

복잡한 정책 대출
한눈에 알아보기

은행 같은 금융기관에서만 돈을 빌릴 수 있는 것은 아닙니다. 무려 '국가'에서도 대출이 가능합니다. (뒤에서 자세히 살펴보겠지만 아주 넓은 의미의 국가, 나라, 정부라는 의미예요.) 세금만 걷어가는 줄 알았던 국가가 나에게 왜 대출을 해주냐고요? 이유는 무궁무진합니다.

형편이 어려운 학생이 공부를 이어가도록 도와주기 위해서일 수도 있고요(학자금대출), 금융기관에선 대출받기 힘든 서민층에 자금을 공급하기 위해서이기도 합니다(서민금융상품). 월급으로는 도저히 가능성이 없어 보이는 내 집 마련을 돕기 위한 대출도 있죠(디딤돌대출 등). 이런 대출을 통틀어서 '정책대출'이라는 단어로 칭하기도 하는데요. 관심이 높은 부동산 관련 정책대출과 서민금융상품을 살펴볼게요.

부동산 정책대출 알아보기

가장 큰돈이 필요하면서도, 그렇기에 도저히 엄두가 안 나는 게 부동산이죠. 집을 구매하는 것은 당연하거니와 구매 이전에 월세를 아끼기 위해 전세금을 마련하는 것도 쉽지 않은 게 현실입니다. 특히 서울 등 수도권에서 사는 사람들이라면 더욱 그럴 텐데요. 이 때문에 정책대출에는 부동산 관련 상품이 많습니다. 크게 전세자금 지원과 주택구입자금 지원으로 나눠서 대표적인 상품들을 살펴볼게요.

 전셋집을 구하려는데 보증금이 부족하다면, 주택도시기금으로 운영되는 '버팀목전세자금대출(버팀목대출)'을 이용할 수 있습니다. 장점은 금리 수준입니다. 2025년 1월 기준으로 버팀목대출 금리는 연 2.3~3.3%입니다. 반면 4대

시중은행에서 2025년 1월 중 전세자금대출의 평균 금리가 3.79~4.51% 수준(신규 취급액 기준)으로 나타났어요. 확실히 금리가 낮다는 걸 알 수 있죠?

나이가 19~34세라면 청년전용 버팀목대출도 있어요. 2025년 1월 기준으로 금리가 연 2.0~3.1%로 일반 버팀목대출보다도 더욱 낮습니다. 버팀목대출의 금리는 국토교통부가 정해서 고시하는데, 정부에서 내놓은 상품이다 보니 가계대출 관리 목적에서 조정되기도 합니다.

대부분의 정책대출이 그렇듯 기준이 꽤 까다로운 편입니다. 기본적으로 무주택자여야 하고 다른 전세자금대출과 중복으로는 받을 수 없어요. 연 소득이 5,000만 원 이하여야 하는데, 이 기준은 부부 합산으로도 적용되다 보니 개인이 아니라 부부인 경우에는 맞추기가 쉽지 않다는 평가가 많습니다.

다른 대출이나 투자 등을 포함한 자산도 2025년 기준 3억 3,700만 원 이하여야 합니다. 다만 신혼부부(결혼한 지 7년 이내거나 3개월 안에 결혼할 예정인 경우)라면 연 소득 7,500만 원 이하, 신생아특례(2년 이내 출산) 가구라면 연 소득 1억 3,000만 원(맞벌이는 2억 원) 이하로 소득 기준이 비교적 열려 있어요.

　당연히 모든 주택에 가능한 것이 아니고 전용면적, 보증금 기준을 맞추는 경우에만 가능합니다. 얼마나 빌려주냐고요? 기본적으로 전세보증금의 최대 70%와 1억 2,000만 원(서울·인천·경기의 경우, 그 외는 8,000만 원) 가운데 더 '적은' 금액이 대출한도 기준이 됩니다. 다만 신혼부부이거나 자녀가 둘 이상 있는 경우에는 대상 주택의 기준과 대출 한도를 좀 더 열어줍니다. 자세한 내용은 주택도시기금 사이트에서 확인할 수 있어요.

　주택 구입을 돕는 정책대출은 '내집마련디딤돌대출(디딤돌대출)'과 '보금자리론'이 대표적이에요. 은행에서 받을 수 있는 주택담보대출과 유사하지만 역시나 일반 금융권에서 빌리는 것보다 금리가 낮다는 게 장점입니다. 무주택자이면서 부부 합산 소득 6,000만 원, 순자산가액 4억 8,800만 원(2025년 기준) 이하라면 기본적으로 디딤돌대출을 이용할 수 있습니다. 버팀목대출과 마찬가지로 구입하려는 주택의 조건도 맞춰야 하고요.

　디딤돌대출을 받으면 특히 좋은 사람들이 있습니다. 난생처음 내 집 마련에 도전하거나(생애 최초), 어린 자녀가 있는 경우(신생아 특례)에는 묻지도 따지지도 말고 일단 디딤돌대출을 알아봐야 합니다. 생애 최초 주택 구입일 때는 연소득 기준이나 대출 한도가 그렇지 않은 경우보다 여유로워 더 많은 금액을 정책대출을 통해 충당할 수 있어요. (단, 30세 이상 결혼하지 않은 1인 가구라면 디딤돌대출을 통해 구입할 수 있는 주택 가격 제한이 3억 원으로 매우 낮은 편이어서, 현실적으로 활용하기가 어렵습니다.)

태어난 지 두 돌이 안 된 신생아가 있는 집의 경우 신생아특례 디딤돌대출을 통해 많게는 5억 원까지 빌릴 수 있습니다. 일반적인 디딤돌대출의 한도가 2억 5,000만 원인 것과 비교하면 어마어마하죠? 또 소득 기준도 맞벌이 부부라면 2억 원까지 높게 열려 있어요. 대상 주택도 일반 디딤돌대출은 평가액이 5억 원 이하여야 하지만 신생아특례는 무려 9억 원까지 가능합니다.

보금자리론 역시 주택 구입 자금을 빌려주는 정책대출입니다. 디딤돌대출과 단순하게 비교하면 소득이나 대상 주택 기준이 덜 까다롭고 더 많이 빌릴 수 있는 대신에, 금리가 비교적 높아서 이자 부담이 크다는 단점이 있어요. (다만 소득 수준에 따라서 금리 차이가 미미할 수도 있습니다. 자세한 내용은 한국주택금융공사 사이트를 참고해주세요.)

　만약 소득 요건이나 사려고 하는 집이 일반 디딤돌대출의 기준을 맞추기 어려운 사람이라면 디딤돌대출보다는 좀 더 이자가 많지만 일반 시중은행보다는 저렴한 보금자리론을 알아보는 것이 좋습니다. 바꿔 말하면 조금 경제적 여유가 있는 상태에서 비교적 비싼 집을 사려는 경우에 적합한 상품이죠.

부동산 서민금융상품 알아보기

신용점수가 낮고 소득이 적은 사람은 일반적인 금융회사에서는 대출이나 보증을 거절당할 수 있습니다. 이들을 위한 대출이나 보증을 '서민금융상품'이라고 합니다. 서민금융상품을 알아두면 당장 돈이 없어 궁지에 처했을 때 불법 사금융 업체가 아니라 정책대출로 안전하게 빌릴 수 있겠죠? 이러한 서민금융상품은 가장 직접적인 경우에는 서민금융을 담당하는 공공기관(서민금융진흥원)이 직접 빌려주는 것도 있고, 은행 등 금융권에 '이 사람 믿어도 된다' 심사와 보증을 해 돈을 빌리기 쉽게 도와주기도 해요.

　대표적인 서민금융상품이 햇살론입니다. 햇살론이라는 단어는 한 번쯤 들어본 분들이 많으실 텐데, 사실 햇살론에도 여러 종류가 있어요. 일을 하고 있는데 신용점수가 아주 낮고(하위 20%) 연 소득이 3,500만 원 이하라면 '근로자햇살론'을 통해 최대 2,000만 원까지 빌릴 수 있습니다. 저축은행이나 상호금융(단위농협·새마을금고 등)을 찾으면 됩니다. 취업을 준비 중이거나 취업 또는 창업한 지 1년이 안 되는 청년(19~34세·연 소득 3,500만 원 이하)은 '햇살론유스'라는 상품을 이용해 최대 1,200만 원까지 대출 가능합니다. 기업·신한·전북은행에서 취급합니다.

　만약 근로자햇살론이나 햇살론유스 같은 상품을 이용하면서 성실히 잘 갚았다면 '햇살론뱅크'를 통해 제1금융권 대출도 가능해집니다. 서민금융상품을 6개월 이상 무탈하게 이용하면서 빚이 줄거나 신용점수가 개선됐다면, 은행에서 2,500만 원까지 빌릴 수 있게 되는 거죠. 나라에서 보기에 '이 사람은 어려운 상황에서도 서민금융상품을 잘 빌리고 잘 갚았습니다. 돈 빌려줘도 됩니다'라고 은행에 보증을 해주는 겁니다. 직접적인 대출은 아니지만 가처분소득이 적고 신용점수가 낮아 신용카드 발급이 어려운 이들의 경우 '햇살론카드'를 통해 교육과 심사를 거쳐 신용카드를 만들 수도 있어요.

최저신용자가 기준을 충족하는 경우 비교적 높은 금리(연 15.9%)지만 은행에서 대출을 받을 수 있도록 보증해주는 '햇살론15'와, 연체 경험이 있어 햇살론15 혜택도 볼 수 없는 이들을 대상으로 저축은행에서 최대 1,000만 원까지 빌릴 수 있도록 나라가 보증해주는 '최저신용자 특례보증' 등도 서민금융상품입니다. 금융기관을 거치지 않고 서민금융진흥원에서 취급하는 최대 100만 원의 '소액생계비대출'도 정말 상황이 어려울 때 이용할 수 있습니다.

서민금융상품이 한두 개가 아니다 보니 내가 이용할 수 있는 게 뭔지 파악하기 어려울 수도 있는데요. 이럴 때는 서민금융진흥원 사이트나 서민금융진흥원에서 운영하는 '잇다'라는 앱을 둘러보면 도움이 될 거예요. 대출·보증 상품뿐 아니라 청년들의 자산 형성을 도와주는 청년도약계좌 상품도 사이트와 앱에서도 확인할 수 있습니다.

6장에서는 미래를 대비할 수 있는 퇴직연금과 내 집 마련에 대해서 다룹니다. 퇴직연금에는 어떤 유형이 있고, 수익률은 어떻게 올릴 수 있을까요? 내 집 마련을 위해 청약통장은 어떻게 활용하면 좋을지에 대해서도 알아보겠습니다.

6장

미래는 어떻게 대비하나요?

퇴직연금의 유형과 특징 알아보기

여러분께 두 가지 질문을 던져보겠습니다. 본인의 퇴직연금이 어떤 '유형'인지 아시나요? 퇴직연금의 '수익률'은 얼마나 되나요? 이 질문에 망설임 없이 대답했다면 퇴직연금을 잘 챙기고 있다는 이야기일 거예요.

하루하루 먹고살기도 팍팍한 직장인이, 퇴직 이후라는 머나먼 미래를 위한 퇴직연금까지 신경을 쓰기가 쉬운 일은 아닙니다. 하지만 적금이나 여윳돈 투자만으로 노후에 대비하기란 사실상 불가능한 만큼 기본적인 개념 정도는 알아둬야 하겠습니다.

3층 연금구조

퇴직연금은 나의 노후에서 어떤 역할을 할까요? 연금이란 현재의 일하는 내가 먼 훗날 나이가 들어 일하기 어려워진 나를 위해 모아두는 돈입니다. 수십 년을 대비해야 하는 만큼 갖고 싶은 노트북이나 가방을 살 때와는 비교도 안 되게 많은 돈이 필요합니다.

'3층(3중) 연금구조'라는 말을 들어보셨나요? 세 종류의 연금을 3층 석탑처럼 쌓는 겁니다. 가장 아래에는 최소한의 생활을 보장할 수 있도록 하는 연금을, 위로 올라갈수록 필수를 넘어 윤택한 생활을 위한 연금을 적립하는 거죠.

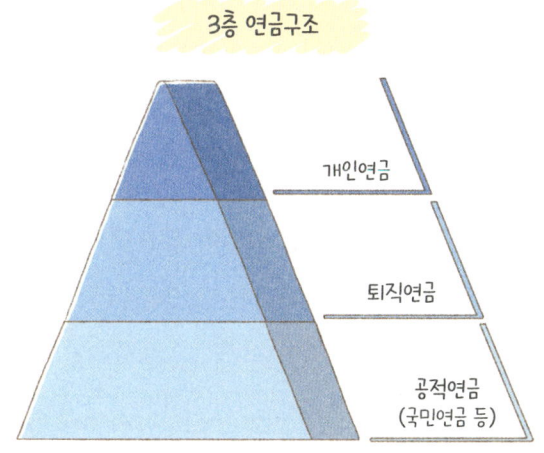

1층에 있는 게 바로 공적연금이에요. 월급에서 떼어가고 나라에서 운용해주는 국민연금이 대표적입니다. '현생'의 내가 너무 바빠 미래를 생각할 겨를이 없을 때도 최소한의 미래를 위해 알아서 굴러가는 가장 기본적인 연금입니다.

　다만 1층만으로는 은퇴 후의 삶을 안정적으로 살기가 어렵기 때문에(현재 국민연금은 연금 수령 전 소득의 40% 정도를 보전해주는 데 그쳐요. 이를 소득대체율이라고 합니다), 그 위에 2층 퇴직연금과 3층 개인연금을 쌓아 올리게 돼 있습니다. 여윳돈이 있다면 3층 개인연금까지 든든하게 마련해두면 좋겠지만, 일단 회사가 매달 적립해주는 2층 퇴직연금을 잘 굴리는 게 우선입니다.

퇴직연금의 세 가지 유형

앞에서 던진 첫 질문의 답을 찾아보겠습니다. 퇴직연금의 유형에는 DB, DC, IRP 세 가지가 있습니다. DB$^{\text{Defined Benefits}}$는 확정급여형, DC$^{\text{Defined Contribution}}$는 확정기여형, IRP$^{\text{Individual Retirement Pension}}$는 개인형 퇴직연금이라는 의미예요. 솔직히 이

것만 봐선 정체 파악이 힘들죠? 성격이 조금 다른 IRP를 제쳐두고 DB와 DC부터 자세히 살펴볼게요. DB와 DC는 퇴직연금을 누가 굴리는지(주체)와 나중에 얼마나 받게 될지가 다릅니다.

DB는 퇴직금을 운용하는 책임이 회사에 있고, 나중에 받게 될 '급여(퇴직금)'가 '확정'돼 있어요. 만약 책임이 있는 회사가 운용을 잘 못해도(정확히는 회사가 퇴직금 운용을 맡긴 외부 금융사입니다), 노동자인 나에게 주기로 한 돈은 이미 정해져 있어요.

반면 DC는 퇴직금 운용 책임이 나에게 있습니다. 회사의 '기여'분이 '확정'되어 있기는 하지만, 그걸 바탕으로 퇴직금을 불리는 건 나의 일입니다. 나의 투자 결과에 따라 받게 될 퇴직금 규모가 달라집니다.

DB는 받게 될 퇴직금을 예측할 수 있다는 게 장점이지만 내가 퇴직금을 불릴 수 없습니다. DC는 투자를 잘해서 많은 수익을 낼 수 있지만 투자 실패의 책임도 내가 져야 하죠.

저는 첫 직장에서 DC 운용을 위한 금융회사를 고르라는 안내를 받았어요. 선택지가 두 가지였는데, 부끄러운 얘기지만 잘 알아보지 않고 선배들이 많이 가입했다는 곳을 무작정 따라 골랐습니다. 운용사는 골라놓고 정작 어떻게 굴려달라고 지시는 제대로 하지 않아 수익률이 물가상승률보다 낮았답니다. DC의 경우 가입자(나)의 역할이 아주 중요하더라고요.

IRP는 이름은 퇴직연금이지만 개인이 직접 알아보고 투자해 수익에 책임을 져야 하기 때문에 연금구조에서 3층에 해당합니다. DB나 DC 가입자도 IRP 계좌를 만들 수 있어요. DB나 DC 퇴직금과 별개로 IRP에 돈을 붓고 굴려서 퇴직금을 두둑하게 준비할 수 있도록 하는 겁니다.

만약 직장을 옮긴 적이 있다면 IRP 계좌로 퇴직금을 받았을 거예요. 여러 번 이직하더라도 하나의 계좌에 퇴직금을 계속 쌓아서 노후를 대비하도록 하는 거죠. (상시근로자가 10명이 안 되는 소규모 회사라면 근로자와 합의해서 IRP를 통해 퇴직연금을 쌓게 할 수 있습니다. 일반적으로 IRP란 '개인형 IRP'를 말하는데 이 경우 '기업형 IRP'라고 해요. DC처럼 회사가 일정 부분 적립해주고 개인이 운용합니다.)

IRP는 개인형 퇴직연금인 만큼 꼭 회사에 소속된 노동자가 아니더라도 가입할 수 있어요. 자영업자, 공무원 등 소득이 있는 사람이라면 금융회사(은행, 증권사, 보험사)에서 계좌를 개설할 수 있습니다.

IRP는 재테크에서도 단골손님입니다. 매년 1,800만 원까지 IRP 계좌에 돈을 넣을 수 있는데 이 가운데 900만 원까지는 세액공제 한도가 적용돼서 연말정산을 준비할 때 많이들 활용해요. 총급여가 5,500만 원, 혹은 종합소득이 4,500만 원 이하인 사람이라면 연간 900만 원까지 IRP 계좌에 넣는 돈에 대해서는 16.5%의 세액공제율(급여·소득 기준이 넘으면 13.2%)을 적용받습니다.

한눈에 알아보는 퇴직연금의 유형

구분	DB (확정급여형)	DC (확정기여형)	IRP (개인형 퇴직연금)
운용 주체	회사 (또는 회사가 지정한 금융사)	개인 (근로자 본인)	개인 (근로자, 자영업자, 공무원 등)
수령액 기준	사전에 정해진 퇴직금	운용 결과에 따라 변동되는 퇴직금	본인이 납입한 금액 + 운용 수익
운용 책임	회사가 책임	개인이 책임	개인이 직접 운용
장점	수령액 예측 가능, 안정성 있음	수익이 좋으면 더 많이 받을 수 있음	절세(세액공제), 이직 후 통합 관리, 누구나 가입 가능
단점	수익률이 높아도 정해진 금액의 퇴직연금만 받을 수 있음	투자 실패 시 손실 가능	스스로 운용해야 하므로 투자 지식 필요
세액공제 혜택	해당 없음	해당 없음	연 900만 원까지 세액공제 가능 (16.5% 또는 13.2% 공제율)

퇴직연금으로 투자하는 법

그러면 투자는 어떻게 할까요? 우선 퇴직연금 계좌로 투자할 수 있는 상품은 크게 원리금보장형과 실적배당형으로 나뉘어요. 원리금보장형이란 은행 예금처럼 말 그대로 손실의 위험이 없고 원금과 이자가 보장되는 상품입니다. 은행의 정기예금, 보험사의 이율보증형[GIC] 보험, 증권사의 주가연계파생결합사채[ELB] 등이 있습니다. 실적배당형에는 펀드와 ETF, 리츠(부동산투자신탁) 등이 있어요. 원리금보장형보다 목표 수익률은 높지만 투자 성과에 따라 손실의 위험도 있죠. 다양한 투자처를 원하는 대로 조합하는 것이 기본입니다.

만약 나는 A은행에 IRP 계좌가 있는데, 내가 관심 있는 투자상품이 A은행보다 B증권사에 많은 경우가 있을 거예요. 만약 B증권사로 '갈아타기'를 하고 싶다면 어떻게 해야 할까요? 원래는 A은행을 통해 투자하던 상품을 매도하거나 해지해서 '현금'으로 만든 뒤 B증권사 계좌로 이 현금을 옮겨 재투자를 해야 했습니다. 이 과정이 너무 번거롭다 보니 내 마음에 드는 상품, 더 높은 수익률을 포기하는 경우도 있었다고 합니다.

　이런 문제를 해결하기 위해 2024년 10월 말부터 '퇴직연금 현물이전(실물이전이라고도 합니다)' 제도가 시행되고 있습니다. 기존 A은행에서 투자하던 상품을 매도·해지하지 않고 그대로 B증권사로 옮길 수 있게 된 겁니다. 다만 여전히 주식·리츠·사모펀드 등 상품 특성에 따라 기존처럼 현금화를 거쳐 갈아타야 하는 것들이 있습니다.

　일반적으로 원리금 보장을 중시하는 사람일수록 은행, 적극적인 투자에 관심 많은 사람일수록 증권사를 선호하는 경향이 있습니다. 제공하는 투자처 자체가 은행은 안정적, 증권사는 공격적인 경우가 많아요. 그런데 현물이전이 가능해지면서 금융회사들도 퇴직연금 가입자를 뺏기지 않기 위해 최대한 다양한 상품을 제공하고 투자 수익률을 높이기 위한 노력을 하고 있다고 해요. 그러니 갈아타기 전에 기존에 가입한 금융회사에서 제공하는 상품과 혜택을 잘 살펴보는 게 좋겠습니다.

디폴트옵션이란 무엇일까

'하나하나 살펴보고 조합을 짜기가 어려워요. 그렇다고 예금에만 퇴직연금을 넣어두고 싶지는 않아요'라고 생각할 수도 있을 거예요. 이런 사람들을 위해 2023년 7월부터는 사전지정운용제도 '디폴트옵션'이 도입(의무화)됐습니다. 기본값·초깃값이라는 단어 '디폴트'가 들어간 것처럼, 가입자가 별도로 운용 지시를 하지 않아도 여러 포트폴리오 가운데 하나를 디폴트로 골라두면 여기에 맞춰서 퇴직연금이 투자되는 거예요. 열심히 모으고 굴려서 노후자금을 만들라고 퇴직연금 제도가 도입됐는데, 대개 예금에만 넣어놓고 있으니 '제발 이거라도 골라두세요' 하는 거죠.

디폴트옵션 지정 자체는 어렵지 않아요. 내 퇴직연금 계좌가 있는 금융회사에서 여러 옵션을 제공하고 있을 겁니다. 살펴보고 마음에 드는 걸 고르면 됩니다. 만약 투자에 관심이 많고 잘 굴릴 자신도 있어서 '내가 알아보고 운용해야지' 하더라도 디폴트옵션은 의무적으로 골라야 해요. 투자 상품의 만기가 도래하거나 운용 지시가 멈출 때 퇴직연금이 잠자지 않도록 하겠다는 게 디폴트옵션의 도입 취지니까요. (참고로 금융사마다 여러 상품을 조합해 디폴트옵션을 만드는 만큼 현물이전이 안 됩니다.)

고용노동부 승인을 받은 디폴트옵션은 200개가 훌쩍 넘습니다. 엄청 많죠? 그래서 '통합연금포털' 사이트에서 비교 공시를 제공하고 있어요. 회사별로, 상품별로 디폴트옵션 수익률을 체크할 수 있어요. 분기별로 공시됩니다.

디폴트옵션은 위험도에 따라 초저위험·저위험·중위험·고위험으로 나뉘어요. 위험도가 낮을수록 원리금이 보장되는 곳에 주로 투자하고, 고위험일수록 다양한 금융상품에 투자합니다. 초저위험·저위험은 손실 우려는 적지만 높은 수익률은 어렵겠죠. 일단은 본인의 투자 성향을 파악하고 나에게 맞는 위험도 상품의 수익률을 비교해보면 좋겠습니다. 수수료도 확인할 수 있으니 비교해보세요. 어느 정도 가닥을 잡았다면 금융사 사이트에서 내 마음에 드는 디폴트옵션들이 어디에 어떻게 투자하는지 포트폴리오를 확인하면 됩니다.

한 시중은행의 저위험 포트폴리오 두 개를 살펴보겠습니다. 저위험 포트폴리오 1은 타깃데이트펀드^{TDF} 2025 60%, 정기예금 40%로 구성돼 있어요. 타깃데이트펀드란 예상 은퇴 시점을 설정하고, 은퇴가 많이 남았을 때는 비교적 공격적인 상품에 투자하다가 은퇴 시점이 가까워져 오면 안정적인 상품에 투자해 손실을 최소화하는 상품이에요. 젊었을 땐 잃어도 복구할 시간이 있지만, 당장 내일모레가 은퇴인데 손실이 나면 낭패잖아요. TDF2025는 2025년을 은퇴 시점으로 하는 상품입니다. 여기서 2025라는 숫자를 빈티지라고 부릅니다. (TDF는 TDF2030, TDF2045 등 5년 단위 빈티지로 나옵니다.)

반면 같은 은행의 저위험 포트폴리오 2는 타깃인컴펀드^{TIF} 60%, 정기예금 40%로 구성되네요. 타깃인컴펀드는 TDF와 달리 투자 비중을 일정하게 가져가면서 정기적인 배당소득을 추구해요. 명칭에 날짜^{date}가 아니라 소득^{income}이 들어간 이유죠. 이미 어느 정도 돈을 모은 사람이 종잣돈을 덜 까먹으면서 꾸준히 소득을 얻을 수 있도록 설계됩니다.

디폴트옵션을 둘러보면 'BF'라는 단어도 눈에 띌 거예요. 밸런스펀드라는 뜻인데, 여러 자산에 분산 투자하고 시장 상황 등을 고려해 주기적으로 자산 배분을 바꾸는 겁니다. 목표로 하는 위험도가 천차만별이고 그에 따라 자산 배분과 투자처도 다양해요. 당연히 구체적인 내역을 살펴봐야 합니다.

3층 개인연금

2층 퇴직연금까지 잘 투자하고 있다면 3층 개인연금으로 눈길을 돌려볼까요? 각종 연금저축 상품이 개인연금에 해당합니다. 개인연금 가운데 IRP는 소득이 있는 사람만 가입이 가능하지만 연금저축은 누구나 가입할 수 있습니다. 5년 이상 연금저축에 돈을 넣었다면 55세 이후부터 연금처럼 받을 수 있습니다.

IRP와 연금저축 '꿀조합' 활용하기

연금저축에는 크게 은행·증권사에서 파는 연금저축펀드와 보험사에서 파는 연금저축보험이 있습니다. 연금저축펀드의 경우 주머니 사정에 맞춰 연간 1,800만 원까지 자유롭게 돈을 낼 수 있고, 다양한 금융상품에 투자할 수 있는 게 장점입니다. 수익률이 비교적 높지만 원금을 보장하지 않아요. 반면 연금저축보험의 경우 꼬박꼬박 돈을 내야 하고 원금이 보장되지만 수익률을 기대하기는 어려워요.

　연금저축 상품도 IRP와 마찬가지로 최대 16.5%(급여·소득 기준을 충족하지 못하면 13.2%)의 세액공제율이 적용돼요.

세액공제가 적용되는 납입 한도는 연간 600만 원으로, 그 이상 금액에 대해선 세액공제를 받지 못합니다. 연간 총급여가 5,500만 원 이하인 사람이 한도를 꽉 채워 600만 원을 납입했다면 99만 원까지 환급이 됩니다.

단, 납입과 세액공제 한도를 따질 때 IRP와 연금저축을 함께 계산한다는 사실을 명심해야 해요. IRP와 연금저축 모두 납입 한도가 1,800만 원이지만 두 상품 모두 가입돼 있다면 둘을 합해서 3,600만 원이 아니라 1,800만 원까지 넣을 수 있어요.

세액공제 한도 역시 IRP가 900만 원, 연금저축이 600만 원이지만 합산으로 적용합니다. 연간 급여가 5,500만 원 이하인 사람이 IRP에 900만 원, 연금저축에 600만 원을 넣어도 혜택은 900만 원어치만 받을 수 있는 거죠. 이 때문에 IRP와 연금저축을 모두 가입했다면 연금저축에 600만 원, IRP에 300만 원을 넣어 세액공제 한도 900만 원을 모두 채우는 것이 '꿀조합'으로 알려져 있습니다.

은퇴가 까마득한 사회 초년생일수록 퇴직연금은 장기전이라는 사실을 명심해야 합니다. 당장 지금 내가 고른 투자처의 수익률이 낮다고 해서 요리조리 옮겨 다니기보다는,

신중히 고르고 난 뒤에는 어느 정도 묻어둘 필요가 있다는 거죠. 이번에는 부진했어도 시장 상황이 바뀌면 얼마든지 반등할 수 있으니까요.

마찬가지로 퇴직연금을 깨는 것도 신중해야 합니다. IRP에 돈을 붓다가 이런저런 이유로 돈을 빼고 싶은 경우가 있을 겁니다. 급하면 어쩔 수 없겠지만 이 경우에는 기존에 세액공제를 받았던 납부금과 수익에 대해 소득세(세율 16.5%·지방세 포함)를 뗍니다. 퇴직연금과 관련한 혜택 자체가 은퇴 후를 위해 최대한 돈을 묻어두도록 하기 위한 유인인 만큼 중도해지를 어렵게 해둔 거죠.

국민연금 재정이 어렵다거나, 은퇴 후 경제적으로 어려움에 빠지는 노인들이 많다는 소식을 볼 때마다 절망감에 휩싸이게 됩니다. 물론 퇴직연금 잘 챙기는 것만으로 마법처럼 풍족한 노후 생활을 기약할 수는 없겠지만, 있는 제도와 혜택을 잘 활용하면 조금은 걱정을 덜 수 있을 거예요.

국민 절반이 가입한 '필수템' 청약통장

성인이 되면서 "청약통장은 꼭 만들어두라"는 얘기를 들어본 분들 많으실 거예요. 어릴 때 부모님이 대신 개설해주신 경우도 있을 테고요. 실제로 2024년 11월 말 기준 우리나라 국민 약 5,175만명 중 2,661만 명이 청약통장을 갖고 있다고 하니, 국민 절반이 가입한 '필수템'인 셈이죠.

만약 청약통장이 어디에 쓰이는지 정확히 모른 채 꼬박꼬박 돈만 넣고 있다면, 만들긴 했는데 당첨 가능성도 없어 보이고 해지할까 고민 중이라면, 찬찬히 청약통장과 제도에 대해 알아보며 내게 맞는 답을 찾아가보도록 해요.

주택청약이란 무엇일까

우리나라에서 집을 사는 방법은 크게 두 가지입니다. 청약과 일반 매매죠. 일반 매매는 당근 거래를 생각하면 쉬워요. 집주인이 부동산에 내놓은 집을 내가 사는 겁니다. 거래를 중개해주는 부동산이 낀 일종의 중고 거래예요.

'나는 새 집을 사고 싶다'면 청약이라는 방법을 거쳐야 해요. 법적으로 30세대 이상의 공동주택(아파트나 오피스텔 등)을 분양할 때는 청약을 통해야 합니다. 보통 새 집을 첫 입주자에게 판매하는 걸 분양한다고 해요. 신축 아파트를 사고 싶다면 청약 제도를 통해야만 하는 거죠. (분양권을 살 수도 있긴 하지만 책에서 다루진 않을게요.)

청약은 집을 사려는 사람들 중 정부가 생각하기에 이 집이 제일 필요할 것 같은 사람에게 기회를 주려고 만든 제도예요. 한번 상상해볼까요? '리버캐슬'이라는 이름의 새 집이 한 채 지어졌어요. 이 집을 사고 싶다고 세 명이 손을 들었습니다. 집을 이미 두 채 가진 자산가 A, 자기 집이 없는 40대 1인 가구 B, 이제 막 아이가 태어난 신혼부부 C가 모두 이 집을 사겠다고 손을 든 거예요. 시장 논리대로라면 가장 높은 값을 부르는 사람에게 집이 팔릴 겁니다. 아마도 이미 집을 두 채 가진 자산가 A가 집 주인이 되겠죠. 아니면 가장 먼저 집을 사겠다고 손을 든 B가 집을 살 수도 있고요.

혹시 뭔가 불공정하다는 생각이 드시나요? 정부도 그렇게 생각한 모양입니다. 꼭 필요한 사람부터 집을 살 수 있도록 기준을 세운 뒤 그 기준에 가장 부합하는 사람에게 먼저 집 살 기회를 주기 시작한 거죠. 기준의 공정성은 논란의 여지가 있을 수 있지만, 집 살 기회를 좀 더 공적인 기준에 따라 분배하기 위해 만들어진 게 청약 제도입니다.

청약통장은 청약을 통해 집을 사기 위해 필요한 준비물이에요. 리버캐슬을 청약으로 산다고 생각해볼까요? 건설사가 리버캐슬을 짓기 위해 정부와 자자체로부터 이런저런 승인을 받고 집 지을 준비가 다 되면, 이 집을 분양(판매)하는 시행사가 청약 모집공고를 올립니다. (보통 집이 지어지기 전에 이렇게 예약 주문을 받습니다). 이때 이 공고에 신청하려면 청약통장이 있어야 해요. 청약통장은 사고 싶은 집을 사기 위해 줄을 설 때 필요한 일종의 입장권인 셈입니다.

정부는 이렇게 구매 의사를 밝힌 신청자를 대상으로 심사를 진행해 당첨자를 뽑습니다. 당첨자에게는 리버캐슬을 살 기회가 주어지죠. 민간 건설사가 짓는 주택이라도 법적으로 이렇게 정부가 뽑은 당첨자들에게 먼저 집 살 기회를 줘야 합니다. 참고로, 청약 신청자를 심사하고 당첨자를 발표하는 실무는 국토교통부 산하 공기업인 한국부동산원과 한국토지주택공사^{LH} 등이 맡고 있습니다.

그렇다면 당첨되려면 어떤 기준을 만족해야 하는 걸까요? 정부 정책이 시시때때로 바뀌는지라 세부적인 기준이나 우대조건은 자주 달라지곤 하는데, 우선 여기서는 원칙만 이해하고 넘어가도록 해요. 일반적으로는 청약통장 가입 기간이 길수록, 납입 금액이 많을수록, 무주택 기간이 길수록 유리합니다(이미 집을 가진 사람이라면 청약통장을 갖고 있는 의미가 크지 않을 수 있어요).

그런데 이보다 중요한 건 가족 규모입니다. 기혼이 미혼보다, 자녀가 세 명인 사람이 한 명인 사람보다 유리해요. 1인 가구에게는 아무래도 불리한 제도입니다. 자세한 기준은 다음 편에서 설명하도록 할게요.

자, 청약통장이 뭔지는 이해되셨죠? 그렇다면 이제 내게 청약통장이 필요한지 한 번 따져보도록 해요. 우선 다음 사다리 타기를 통해 내가 어떤 유형인지부터 알아봅시다.

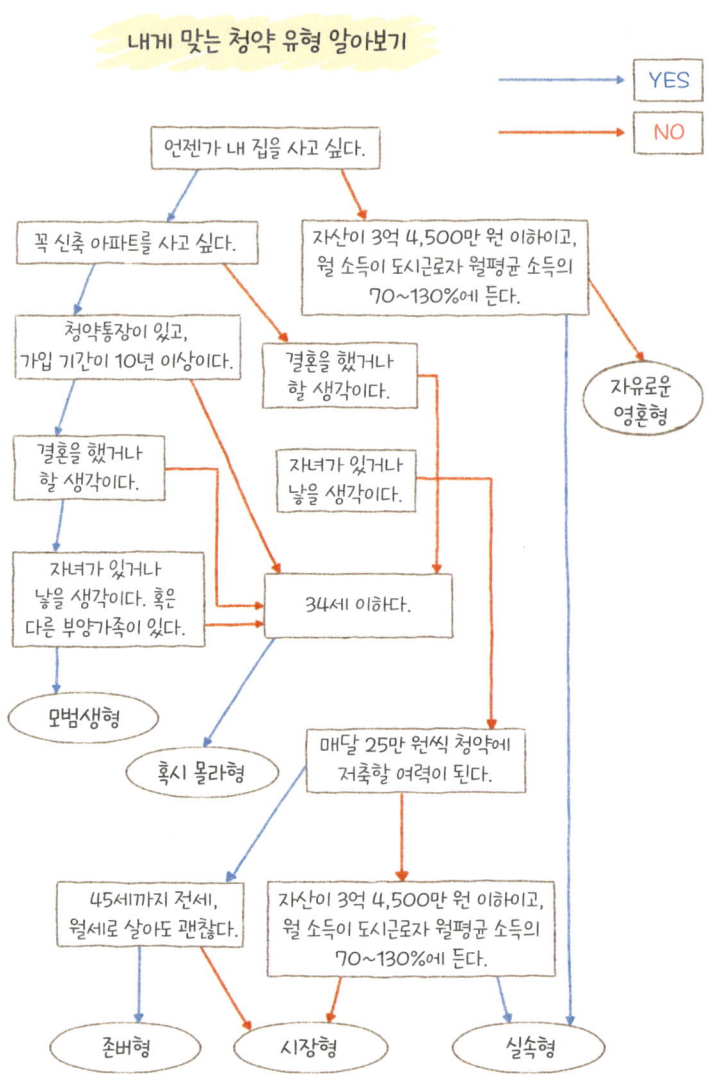

혹시 몰라형

아직 34세 이하면서 집을 사고 싶다는 마음을 갖고 있다면 당신은 '혹시 몰라'형입니다. 이 유형에 다다른 분들이라면 청약통장을 가급적 빨리 만들어두는 게 좋다고 생각합니다. 이미 있다면 유지하는 걸 추천해요. 나중에 해지하게 되더라도 말이죠. 20~30대에는 내가 청약으로 집을 사게 될지, 일반 매매로 집을 사게 될지 알 수 없기 때문에 일단 청약으로 집 살 경우를 준비해두는 편이 낫기 때문이에요.

특히 '얼어 죽어도 신축'을 고집하는 분들이라면, 청약통장은 필수예요. 아직 청약통장이 없거나, 가입한 지 10년이 채 되지 않았다면 꾸준히 납입하면서 가입 기간을 늘려가세요. 아직 34세 이하라면, 결혼을 하게 된다거나 아이가 생겨 청약에서 유리한 조건을 갖추게 될 가능성이 크니까요.

꼭 신축을 고집하지 않는 분들의 경우도 마찬가지예요. 인생이 어떻게 될지 알 수 없으니 일단 내가 청약에 유리한 조건을 갖추게 될 가능성에 대비해 청약통장을 만들어 두는 겁니다.

나이가 34세 이하라면 청년 전용 청약통장에 가입할 수 있기 때문에 이런 식으로 돈을 청약통장에 묻어두는 게 나쁘지만은 않습니다. 일반 청약통장(주택청약종합저축)보다 금리를 좀 더 얹어주거든요. 가입 후 1~2년은 연 4.2%, 2~10년은 연 4.5% 금리를 적용합니다. 시중은행 일반 적금 상품 금리와 큰 차이가 없는 수준이죠.

하지만 이게 꼭 절대적인 정답은 아닙니다. 신축 아파트가 아니어도 되는 분들이라면 다른 선택지도 있어요. 매달 청약통장에 납입할 돈을 다른 곳에 투자해 최대 연 4.5%인 청약통장 금리 이상의 수익률을 낼 자신이 있다면, 그렇게 목돈을 모아 일반 매매로 집을 사는 게 나을 수도 있습니다. 또, 확고한 비혼·비출산이고, 나 말고는 앞으로 부양할 가족도 없을 것 같다면 청약 당첨 가능성이 높지 않기 때문에 일반 매매가 나을 수 있어요.

'존버'형

아마 이 유형에 다다르신 분들이라면 결혼을 하셨거나 고려 중인 분들이실 것 같습니다. 그렇다면 청약통장에 꾸준히 납입하면서 '존버'해보세요. 결혼은 청약의 관점에서 보면 부양 가족이 0명에서 1명으로 늘어나는 이벤트입니다. 아이가 생길 가능성도 배제할 수 없죠. 그러니 무주택 기간이나 청약통장 가입 기간, 납입 금액 등 다른 조건들을 맞추며 때를 기다려보는 거죠.

다만, 이 유형인 분들은 뒤에서 자세히 알아볼 청약으로 살 수 있는 집의 종류와 그에 따른 당첨자 선정 기준을 꼼꼼히 살펴보고, 현실적으로 내 당첨 가능성을 따져볼 필요가 있어요. 당첨 가능성이 있다고 판단되는 경우 뚝심 있게 기다려보되, 그렇지 않은 경우 일반 매매를 고려할 필요도 있죠.

시장형

시장형은 말 그대로 청약 대신 부동산 시장에서 일반 매매를 고려해보는 게 좋은 유형이에요. 청약은 당첨 가능성을 높이기 위해 오랜 기간 무주택 기간을 감내해야 하는 경우가 많습니다. 그럼에도 자녀가 없는 1인 가구 등은 '노력'으로 채울 수 없는 자격 요건들로 인해 청약 당첨 가능성이 낮아질 수 있죠. 그래서 청약 당첨 가능성이 크지 않거나, 내 집 마련을 너무 오랜 기간 늦추고 싶지 않은 이 유형의 분들이라면 청약통장을 깨서 일반 매매 자금으로 사용하는 것도 고려해볼만 합니다.

모범생형

청약 제도의 가장 큰 수혜자가 되신 걸 축하합니다. 만약 결혼한 지 7년이 안 된 신혼부부이고, 2세 미만의 신생아 자녀가 있다면 당첨 확률이 크게 높아질 뿐 아니라 정책 대출 혜택까지 덤으로 얻을 수 있습니다. 이 유형은 경쟁률이 치열한 소위 '로또 아파트' 당첨도 노려볼 수 있습니다.

모범생형에 해당하시는 분들은 향후 청약에 당첨될 경우 원하는 지역의 아파트를 분양 받을 만큼 충분한 돈을 저축과 대출로 조달할 수 있을지를 따져보는 게 좋습니다. 그리고 청약통장을 유지할지 결정하면 되는 것이죠.

실속형

실속형은 4년마다 이사 다니기는 싫지만 굳이 남들처럼 아파트를 사야 한다고 생각하지는 않는 유형이에요. 오르내리는 집 값에 전전긍긍하고 싶지 않을 수도 있고, 아직은 너무 이르다고 생각해 당장은 아파트 매매가 고려 사항이 아닐 수 있죠. 그럼에도 월세를 좀 낮추고 싶거나, 주거 안정은 원한다면 이런 경우에도 청약통장이 유용할 수 있어요. 공공임대주택에 살 사람을 뽑을 때도 청약통장이 있어야 하기 때문이에요.

　공공임대주택은 정부나 지자체가 저소득층, 청년, 장애인 등 사회취약계층의 주거 안정을 위해 주변 시세보다 저렴하게 공급하는 주택이에요. 실속형은 집을 구매할 생각은 없어도 주거 안정을 위해 공공임대주택을 이용할 수 있는 경우에 해당되는 유형이에요.

　20~30대를 위한 공공임대주택으로는 대표적으로 행복주택이 있어요. 교통이 편리한 역세권이나 대학 주변에 지은 집에서 주변 시세보다 20~40% 싼 월세만 내고 한 번에 6년까지 살 수 있죠. 나이(19~34세)와 소득요건 등 자격만 갖췄다면 행복주택에 살 수 있는 기회를 얻을 수 있습니다. 2년마다 이사 걱정할 필요 없이 월세 부담을 줄일 수 있는 길이죠.

　청약통장이 없더라도 공고가 떴을 때 신청을 할 수는 있지만, 청약통장에 얼마나 오랫동안 꼬박꼬박 돈을 넣었는지에 따라 가점을 받기 때문에, 청약통장에 빨리 가입해두면 행복주택 당첨 확률이 높아집니다. 임대주택에 당첨되더라도 나중에 집 살 때 청약통장을 못 쓰게 되는 게 아니니, 걱정할 필요 없어요. 그러니 공공임대 주택 신청 요건을 만족하는 경우라면 청약통장을 만들어두는 편이 좋겠어요.

다만, 공공임대주택의 경우 소득 요건을 만족하는 경우에만 입주할 수 있어요. 공공임대주택도 종류가 다양해서 그에 따라 소득 요건이 조금씩 다른데요. 대체로는 자동차를 포함한 자산이 3억 4,500만 원 이하이면서, 월 소득이 도시근로자 월평균 소득의 70~130%에 들면 공공임대주택에 살 수 있습니다.

자유로운 영혼형

자유로운 영혼에 다다르신 분들은 내 집 마련에 큰 뜻이 없는 경우에 해당합니다. 공공임대주택에 살 수 있는 소득요건도 초과해 청약통장이 별 효용이 없는 경우죠. 이런 분들이라면, 청약에 대한 공부는 넘어가셔도 좋겠네요.

내 집 마련의 첫걸음, 청약제도 실전

앞에서 사다리 타기를 통해 각자의 니즈와 상황에 따라 청약통장이 필요한지, 당첨 가능성은 얼마나 되는지 간략히 살펴봤습니다. 다만, 함께 드린 제안은 어디까지나 가이드라인이라고 생각해주세요. 꼭 정답이 있다고는 할 수 없기 때문이에요.

지금부턴 청약으로 어떤 집을 살 수 있는지, 또 그러려면 구체적으로 어떤 기준을 만족해야 하는지 살펴보겠습니다. 사다리 타기 결과가 어떻게 나온 건지 직접 이해하고 내게 맞는 조언인지 따져보도록 해요.

민영주택과 국민주택은 뭐가 다를까

우선 청약으로 살 수 있는 집의 종류를 먼저 이해해야 합니다. 민영주택과 국민주택 딱 두 종류인데, 당첨자 뽑는 기준이 다르거든요. 국민주택은 이름에서 느껴지듯 공공기관이 짓거나 공공 자금을 투입해서 지은 집이에요. 한국토지주택공사LH나 서울주택도시공사SH 같은 지방공사가 짓고 분양하는 공공주택이나, 공공 자금(주택도시기금, 정부나 지자체 재정)으로 건설비를 대고 민간 건설사가 지은 주택이 국민주택이에요. 공적 성격을 띠다 보니 크기가 전용면적 85m²(약 25평) 이하로 제한되는 게 특징입니다.

    민영주택은 국민주택이 아닌 모든 주택, 즉, 민간 건설사가 민간 자금으로 지은 집이에요. 흔히 우리가 잘 아는 '푸르지오' '래미안' '자이' 같은 브랜드 아파트들이죠. 민영주택은 따로 평수 제한이 없습니다.

    청약으로 살 수 있는 집 중에는 민영주택이 훨씬 많습니다. 실제 2024년 청약홈 사이트에 올라온 전국 아파트 입주자모집공고는 모두 324건이었는데, 이 중 민영주택이 305건이었고, 국민주택은 19건에 불과했어요.

주택청약 1순위가 되려면 어떻게 해야 할까

민영주택 당첨이 제일 넓은 길 같죠? 그런데 어떻게 하면 당첨자가 될 수 있을까요? 제일 먼저 따져봐야 할 게 내 청약통장의 순위입니다. 청약통장은 가입 기간과 금액에 따라 1순위와 2순위로 나뉩니다. 집을 분양하는 시행사는 1순위 통장을 보유한 사람들을 대상으로 먼저 청약 신청을 받고 남은 집이 있을 때만 2순위 신청을 받습니다.

예를 들어 500세대 아파트를 분양하는데, 1순위 신청자가 500명이 넘으면 2순위 신청은 아예 받지 않는 거예요. 2024년 11월 말 기준 국내 청약통장 가입자 2,661만 명 중 67%인 1,773만 명이 1순위이니, 1순위가 아니면 대부분의 경우 청약을 넣어볼 수조차 없는 게 현실이죠. 1순위 기준은 뭘까요? 우선 청약통장에 가입한 지 2년이 지났어야 해요. 만들어두기만 해서는 안 됩니다. 납입 횟수도 24회 이상이어야 해요. 2년 동안 매달 빼먹지 말고 돈을 넣어야 하는 거죠.

여기까지 만족했다면 국민주택 청약 1순위로 인정받습니다. 민영주택 청약에서 1순위로 인정받으려면 여기에 추가로 청약통장에 300만 원 이상이 들어있어야 해요. 이렇게 1순위 통장을 만들기 위해 필요한 금액을 예치금이라고 하는데요. 예치금은 내가 청약하려는 주택의 크기와 지역에 따라 조금씩 다릅니다. 300만 원은 서울과 부산에서 전용면적 $85m^2$ 이하 주택에 청약할 때 필요한 금액이에요.

전용 $85m^2$는 우리가 흔히 말하는 33평 정도 크기를 말합니다. 4인 가족이 살기엔 충분하죠. 이것보다 더 큰 집을 구하는 게 아니라면 300만 원만 있으면 1순위가 됩니다. 서울, 부산 외에 나머지 지역의 경우 필요한 금액이 더 적습니다. 만약 이보다 더 큰 아파트를 청약하려고 한다면 예치금이 올라갑니다. 모든 지역, 모든 평형을 청약할 때 1순위로 인정받는 만능 통장이 되려면 잔고가 1,500만 원이어야 합니다.

그렇다고 조급해할 필요는 없습니다. 만약 청약하고 싶은 아파트가 생겼는데 청약통장에 든 돈이 1순위 기준에 못 미친다면, 청약모집 공고가 뜬 당일에 부족한 금액을 한 번에 입금하는 것도 가능하기 때문이죠. 결국 중요한 건 가입 기간과 납입 횟수를 채우는 겁니다.

주택청약 가산점 받는 법

1순위 커트라인을 통과했다면 이제 본게임입니다. 보다 살벌한 심사 기준이 기다리고 있는데요. 민영주택 청약 당첨자를 뽑는 기준은 세 가지입니다. 청약통장 가입 기간, 무주택 기간, 그리고 부양 가족 수를 따집니다. 세 항목에서 받은 점수를 합쳐 점수가 높은 순으로 당첨자를 가려요. 만점은 84점입니다.

가입 기간

청약통장 가입 기간에서는 총 17점을 받을 수 있습니다. 6개월 미만이면 1점, 6개월 이상~1년 미만이면 2점이고, 그 뒤로는 1년마다 1점씩 점수가 올라 가입 기간이 15년 이상이면 최고점인 17점을 받죠. 1순위 기준인 2년을 채우면 4점입니다.

청약통장 가입 기간은 가장 채우기 쉬운 항목이에요. 그래서 배점이 다른 항목 대비 낮습니다. 무주택 기간 만점은 32점, 부양가족 수 만점은 35점이거든요. 보통 서울에서 당첨을 기대하려면 총점 60점은 넘겨야 합니다. 가입 기간에서 점수를 깎아먹으면 당첨권에서 멀어질 수밖에 없겠죠?

가입 기간은 어떻게 알 수 있을까요? 한국부동산원이 운영하는 청약홈 사이트에서 확인할 수 있습니다. '청약자격확인-청약통장-가입내역'에서 가입기산일을 조회한 후 이 날짜를 '공고단지 청약연습-청약가점계산기'에 들어가서 순위기산일 입력란에 적어 넣으면 정확한 가입 기간과 가점을 확인할 수 있습니다.

가입 기간에서 받을 수 있는 가점을 빨리 채우려면 미성년자 때 청약통장에 가입하는 게 좋습니다. 미성년자일 때 인정받을 수 있는 최대 가입 기간이 5년인데, 늦어도 14세에는 가입해야 5년을 모두 챙길 수 있거든요. 2024년 1월 1일 이후 가입한 미성년자라면 최대 5년, 납입 횟수로는 60회가 인정됩니다. 그 전에 가입했더라도 괜찮습니다. 2024년 1월 1일 기준으로 미성년자면 이날을 기준으로 이전 기간은 최대 2년을, 이후 기간은 5년에서 과거 인정 기간을 뺀 만큼 인정됩니다.

성인이 돼서 청약통장을 만든 경우에도 보너스 점수를 받을 길이 있어요. 바로 결혼입니다. 결혼한 배우자의 청약통장 가입 기간 50%를 내 가입 기간에 합쳐 인정해주기 때문이죠. 이렇게 최대 3점을 받을 수 있습니다. 최대 점수인 17점은 그대로이고요. 가령 내 가입 기간이 5년(7점)이고, 배우자가 4년(6점)이라면 내가 청약할 때 배우자 가입 기간의 절반인 2년(3점)을 더해 10점을 인정받는 식입니다. 2023년 법이 개정되면서 새로 생긴 규정이죠.

무주택 기간

시간의 힘을 빌려야 하는 또 다른 항목이 무주택 기간입니다. 청약통장 가입 기간과 별개로 내집 없이 지낸 기간이 길수록 당첨 가능성이 올라갑니다. 무주택 기간 만점은 32점이에요. 무주택 기간은 30세부터 인정해줍니다. 20대라면 0점입니다. 30세 이후부터는 첫 해에 3점을 주고 이후로는 1년에 2점씩 얹어줍니다. 무주택으로 15년 이상을 버티면 45세에는 최고점인 32점을 받을 수 있는 것이죠. 다만 20대에 결혼한 경우라면 혼인신고일을 기준으로 무주택 기간을 인정해줘서 그보다는 빨리 만점을 채울 수 있어요.

 무주택 기간을 인정받으려면 몇 가지 조건을 만족해야 합니다. 우선 나뿐만 아니라 함께 사는 가족도 모두 자기 보유 주택이 없어야 합니다. 이때 가족의 기준은 주민등록등

본상 함께 사는 가족이고, 직계존속과 비속만 해당됩니다. 그러니까 함께 사는 부모, 시부모, 조부모와 자식, 손자 등이 집이 있으면 나는 무주택자로 인정받지 못합니다. 형제자매가 집이 있는 건 같이 살더라도 상관이 없고요.

다만 본가에 사는데 이 집이 부모님 명의의 자가여도 부모님이 60세 이상이면 나는 무주택자로 인정받을 수 있습니다. 부모님과 따로 살면서 내가 세대주인 경우라면 부모님의 주택 보유 여부가 나에게 영향을 미치지 않고요.

만약 본인이나 가족이 주택을 보유한 경우라면, 그 주택의 종류에 따라 무주택 인정 여부가 갈립니다. 전용면적 85m^2 이하이면서 공시가격이 수도권의 경우 5억 원(시세 약 7~8억 원), 지방의 경우 3억 원(시세 약 5~6억 원) 이하인 비아파트(다세대, 다가구, 연립주택, 단독주택, 도시형생활주택 등)를 1채 가진 경우 무주택자로 인정돼요. 반면, 분양권이나 입주권을 갖고 있다면 대개는 집이 있는 걸로 간주돼 무주택자로 인정받지 못합니다.

내가 무주택자가 맞는지, 무주택 기간은 얼마나 되는지는 직접 따져봐야 해요. 그래서 모집공고문과 주택공급규칙을 꼼꼼히 살펴봐야 하죠. (무주택 기간을 잘못 입력하면 나중에 청약 당첨이 취소될 수도 있습니다.) 한국부동산원이 운영하는 청약홈 사이트에서 '공고단지 청약연습-청약가점계산기'에 들어가 무주택기간 입력란 밑에 '상세보기'를 누른 뒤 맨 밑에 '무주택기간 계산해보기' 버튼을 누르면 기간 산정을 도와주는 계산기를 이용할 수 있습니다.

부양가족

눈치 채셨는지 모르겠지만 청약에서 가장 중요한 건 가족입니다. 좀 더 정확히 말하면 부양가족 수예요. 이 항목의 만점은 무려 35점입니다. 3개 심사 항목 중 가장 높죠. 부양가족이 없는 1인 가구는 5점을 받아요. 부양가족이 1명씩 늘어날 때마다 5점씩 추가됩니다. 결혼해서 아이가 둘이라면 단숨에 20점을 받게 됩니다. 1년에 1~2점씩 오르는 가입 기간이나 무주택 기간과 견주면 상승 폭이 매우 크죠. 하지만 그만큼 인위적으로 점수를 높이기 어려운 항목이기도 합니다.

부양가족으로 인정받으려면 우선 직계존속(부모나 시부모, 조부모 등)이 주민등록등본상 세대주인 나(청약 신청자)와 한 집에 최근 3년 이상 계속 살았어야 해요. 부모님과 함께 사는데, 내가 세대주가 아니라면 부모님을 부양가족으로 인정받지 못하는 거예요. 자녀의 경우 미혼 자녀만 부양가족으로 인정되고, 30세가 넘은 자녀는 최근 1년 이상 계속 청약 신청자와 함께 살았어야 해요.

부양 가족이 중요한 건 다른 두 항목에서 만점을 받아도 부양가족이 없다면 적어도 수도권에선 청약 당첨이 쉽지 않기 때문이에요. 청약통장 가입 기간(17점)과 무주택 기간(32점)에서 만점을 받으면 49점입니다. 미혼 1인 가구라면 부양가족 항목에선 5점이 추가돼 총점은 54점이죠.

2024년 하반기를 기준으로, 수도권 청약 당첨 최저 평균 점수는 55점이었어요. 경기가 50.4점, 인천이 45.0점, 서울이 60.4점이었죠. 서울은 어렵지만, 경기도와 인천은 노려볼 수 있는 정도네요. 하지만 결혼해서 아이가 하나 있다면, 점수가 64점으로 뜁니다. 서울 청약도 가시권에 들어오는 셈이죠.

청약 당첨 가능성이 높아지는 특별공급

지금까지 알아본 세 가지 기준은 민영주택을 일반공급으로 청약할 때 당첨자를 뽑는 기준이에요. 민영주택 일반공급으로 공급되는 주택이 가장 많기 때문에 먼저 알아본 것입니다.

일반공급 외에도 특별공급이 있습니다. 정부가 특별히 내 집 마련이 더 필요한 사람들을 위해 따로 물량을 떼어서 이들만을 대상으로 당첨자를 뽑는 거죠. 특별공급 대상자라면 청약 당첨 가능성이 조금 더 높아진다고 생각하시면 됩니다. 특별공급이 물량도 많고, 경쟁자도 적거든요. 국민주택은 특별공급 물량이 80% 안팎으로 대부분을 차지해요. 민영주택도 특별공급 비중이 50%(민영택지)·60%(공공택지)로 절반 이상입니다.

특별공급에는 9가지가 있습니다. 일반적으로 이용 가능한 신혼부부, 다자녀가구, 노부모부양, 생애최초 주택구입, 신생아 특별공급 등이 있고, 탈북자나 국가유공자 등을 위한 기관추천, 외국인, 청년도 특별공급 대상자입니다. 구체적인 특별공급 대상자의 자격 요건이나 개별 특별공급마다 살 수 있는 집에 관한 정보는 한국부동산원이 운영하는 청약홈 사이트에서 '청약제도 안내'-'특별공급'에 들어가 확인할 수 있습니다.

탐색 과정을 돕기 위해 생애최초 특별공급을 예로 들어

살펴보겠습니다. 대상자 요건이 헷갈리게 적혀 있어 잘 살펴봐야 하는데요. 우선 청약통장이 1순위를 만족하고 무주택 요건도 만족한다면 가족 중 1명이 대표로 신청해야 합니다. 같은 가족 내에서 구성원끼리 중복 신청 시 청약이 무효 처리 됩니다. (다만, 신혼부부면 둘 다 중복 신청해도 나중에 당첨이 취소되는 불이익이 없습니다.)

입주자모집공고일이 뜬 날을 기준으로 결혼했거나 미혼 자녀와 살고 있다면 일반적인 생애최초 특별공급 대상자에 해당됩니다. 미혼 1인 가구라면, 생애최초 특별공급에 참여할 수 있기는 한데, 약간의 불이익을 받습니다. 물량 70%가 다 분배되고 남은 30%에 대해서만 추첨 기회를 갖는 것이죠. 미혼 1인 가구는 청약 신청할 수 있는 집의 크기 또한 전용 $60m^2$ 이하로 제한됩니다. 만약 미혼인 채로 부모님과 함께 사는 경우(실질적으론 1인 가구가 아닌데 청약 규정에선 이런 경우를 단독세대가 아닌 1인 가구로 표현합니다)라면, 크기 제한은 없어집니다.

특별공급 당첨자를 뽑는 방식을 이해하면 어떤 불이익인지 더 와닿을 거예요. 특별공급은 '순차적 추첨제'로 당첨자를 가립니다. 그중에서도 민영주택 생애최초 특별공급은 총 5번의 추첨이 이뤄지죠. 첫 번째 추첨에는 공급 물량의 15%를 저소득층이면서 2세 미만 자녀가 있는 신청자를 대상으로 추첨을 통해 분배합니다. 여기서 떨어진 이들은 두 번째 추첨으로 넘어가 소득이 좀 더 많고, 신생아 자녀가 없는 신청자들과 섞여 다시 한번 추첨 기회를 얻습니다.

즉, 앞선 회차 탈락자들은 자동으로 이어지는 회차에서 추첨 기회를 얻기 때문에, 2세 미만 아이가 있고 소득이 기준 금액의 130% 이하면, 모두 다섯 번의 추첨 기회를 받는 거죠. 미혼 1인 가구는 마지막 다섯 번째 추첨에서야 참여할 수 있습니다. 단 한 번의 기회를 갖는 것이죠. 이런 추첨 기회 배분 기준은 개별 특별공급마다 다 다르니 청약홈에서 그 기준을 확인해보세요.

일반공급의 추첨제 물량을 노려보자

일반공급에도 추첨제를 통해 배분하는 물량이 있습니다. 민영주택의 경우 가장 대중적인 전용면적 $60m^2$ 초과~$85m^2$ 이하 평형의 경우 수도권 내 주요 지역(공공주택지구나 투기과열지구, 청약과열지구)을 제외하면 공급 물량의 60% 이상을 추첨을 통해 당첨자를 뽑게 돼있습니다. 주요 지역은 70%를 가점제로, 30%를 추첨제로 뽑습니다. 무주택이기만 하면 결혼 여부나 자녀 수는 상관이 없는 거죠. 다만, 가점제에서 떨어진 사람들이 모두 추첨제로 넘어오기 때문에 당첨 가능성이 높다고는 할 수 없겠죠.

국민주택은 민영주택보단 기준이 덜 살벌합니다. 국민주택 일반공급은 1순위 가운데 3년 이상 무주택인 신청자를 우선 추립니다. 그런 뒤 전용면적 $40m^2$ 이하 주택은 납입 횟수가 많은 순으로, $40m^2$ 초과 주택은 청약통장에 저축한 금액이 많은 순으로 당첨자를 가립니다.

납입 횟수나 저축 총액이 동일하면 추첨으로 당첨자를 뽑아요. 역시 무주택 기간과 납입 횟수, 저축 총액을 따질 뿐, 결혼이나 자녀가 중요한 변수는 아닌 셈이죠. 국민주택 가운데는 공공임대주택으로 사용하다가 분양 전환하며 입주자를 모집하는 경우도 있습니다. LH청약플러스에서 분양주택 모집공고를 확인하면 이런 청약 기회들을 볼 수 있습니다.

청약을 넣을 때 고려해야 할 것들

조건을 따져보니 어떤가요? 청약 당첨 가능성과 그에 따른 기회비용에 대해 조금은 감이 잡혔기를 바랍니다. 사실 청약 경쟁률을 보면 최근 청약통장을 해지하는 '청포(청약 포기)족'이 늘어나는 것도 놀랍지 않습니다. 2024년 6월 모집공고가 뜬 과천 디에트르 퍼스티지 경쟁률은 다자녀 특별공급이 38대1, 신혼부부가 124대1, 생애최초가 362대1 수준이었어요(공급 물량을 신청자 수로 나누어 단순 계산한 내용입니다). 일반공급 1순위 경쟁률은 229대1이었고요.

분양가가 비싸진 것도 한 몫하고 있죠. 당장 당첨돼도 계약금이나 잔금 낼 돈이 부족하면 소용이 없으니까요. 당첨 가능성뿐 아니라 내 자금 사정도 살펴봐야 하는 이유죠. 청약으로 내 집 마련을 하려면 적어도 분양가의 20% 이상(이건 정말 최소 금액이에요)은 모아놓고 하는 게 좋습니다.

청약이 진행되는 과정을 이해하면 돈 계획도 세울 수가 있습니다. 청약은 아파트 건설 공사 시작과 함께 시작된다고 보면 됩니다. 입주자 모집 공고문이 지자체 사이트나 신문에 게재되면 그로부터 10일쯤 뒤에 청약홈에 모집공고가 뜨고 청약 신청을 받습니다. 특별공급, 1순위, 2순위 순으로 접수 날짜가 잡히고 당첨자 발표는 그로부터 일주일 안팎으로 이뤄집니다.

당첨자로 선정됐다면 발표 후 3~4일 안에 당첨 자격에 문제가 없다는 걸 증명할 각종 서류를 제출해야 합니다. 그후 열흘 정도의 심사를 거쳐 문제가 없을 경우 분양가의 10~20%를 계약금으로 내고 계약을 체결하게 되죠. 청년주택드림청약통장은 계약금을 낼 목적으로 청약통장에 든 돈을 중도 인출할 수 있으니, 그동안 청약통장에 모아둔 돈을 포함해 계산하면 됩니다.

계약금을 치르고 나면 입주 전까지 내야 하는 중도금과 잔금은 대출이 가능합니다. 통상 중도금은 분양가의 60%, 잔금은 20~30% 수준에서 정해져요. 주의해야 할 건, 잔금을 치르는 시점에 중도금 대출은 상환을 해야 한다는 겁니다. 잔금 대출로 갈아타며 중도금 대출을 상환하는 방법도 있지만 중도금 대출과 달리 잔금 대출엔 총부채원리금상환비율[DSR] 40% 규제가 적용되기 때문에 한도가 크게 낮아질 수 있다는 점을 염두에 둬야 합니다. 결국 중도금을 치르고 입주 전까지 약 2~3년의 기간 동안 대출을 합쳐서 중도금과 잔금을 낼 만큼 돈을 모을 수 있는지 반드시 따져봐야 한다는 얘기입니다.

분양가는 어떻게 정해질까?

분양가를 결정하는 중요한 요인 중 하나가 집이 지어지는 땅입니다. 정부가 지정하는 투기과열지구나 정부 혹은 지방자치단체가 보유한 공공택지에 짓는 집은 국민주택이든 민영주택이든 주변 시세보다 30~40% 가까이 낮게 분양가를 설정해야 합니다. 분양가상한제라는 정부 정책 때문이죠. 새 아파트가 너무 비싼 가격에 판매되면 주변 집 값까지 덩달아 오를까 봐 정부가 일정 수준 이상으로 분양가를 설정하지 못하게 제한하는 겁니다.

이런 아파트를 살 때는 시세보다 싸게 사지만, 나중에 되팔 때는 시세대로 팔아 많게는 수억 원의 차익을 거둘 수 있어 '로또 아파트'로 불리기도 해요. 물론 이런 아파트는 시세보다 싸다고 해도 10억 원 안팎의 현금이 필요한 경우가 허다해 대부분 월급쟁이에겐 그림의 떡인 경우가 많지만요. 2025년 1월 기준 투기과열지구는 서울 강남구, 서초구, 송파구, 용산구 4개 자치구뿐입니다. 국토교통부가 운영하는 택지정보 시스템 사이트에 가면 개발 중인 공공택지 현황도 확인할 수 있습니다.

청약을 함부로 넣었다가 당첨이 된다면

청약을 넣을 때 주의해야 할 점을 몇 가지 더 알려드릴게요. 만약 자격이 없는데 청약에 신청했다가 덜컥 당첨되면 어떤 일이 벌어질까요? 당첨이 취소되는 건 당연하고 1년간(수도권 기준)은 재당첨이 금지됩니다. 계약금을 내지 못해 계약을 포기한다면 어떨까요? 우선 당첨 사실이 없어지는 것은 아니기 때문에 최대 10년(분양가상한제 적용 주택인 경우)간 나와 가족의 청약 당첨 기회가 막히게 됩니다. 청약통장도 써버린 셈이므로 초기화돼서 새 청약통장을 만들어 처음부터 다시 시작해야 해요. 무시무시하죠?

또 특별공급이나 국민주택은 '1세대 1주택 공급'이 원칙이라, 만약 가족이 같은 집에 청약을 넣어서 누군가 당첨되면 둘 다 취소됩니다. 가족 중 한 명이 대표로 해야 해요. 다만 부부는 예외적으로 동시 당첨되어도 먼저 접수한 사람의 당첨을 인정해줍니다.

이렇게 당첨이 취소된 물량은 무순위 사후접수 청약 대상이 됩니다. 무순위 청약은 청약통장이 없어도, 유주택자여도 신청할 수 있습니다(공공주택 제외). 거주지 제한도 없고요. 당첨자는 추첨으로 뽑습니다. 무순위 청약이 '줍줍'으로 불리는 이유죠. 최근 2년간 17,000호가량이 무순위로 풀렸으니 적지 않죠. 하지만 '줍줍'도 계약금 못 내면 앞에 설명한 불이익을 똑같이 받습니다.

현명하게 청약을 준비하는 법

만약 청약통장을 만들겠다, 유지해보겠다고 마음먹었다면 어떻게 준비하는 게 좋을까요? 우선 가입 기간을 늘리기 위해 하루라도 빨리 청약통장에 가입하는 게 좋습니다. 민영주택 일반공급의 경우 가점제에서 동점이 발생하면, 가입 기간이 긴 사람을 당첨자로 우선 뽑거든요.

국민주택 당첨도 염두에 둔다면 한 달에 25만 원씩 납입하는 게 좋겠습니다. 1회 납입 최대 인정 금액이 25만 원으로 올랐거든요. 원래 1회 인정 금액 상한은 10만 원이었는데요, 정부가 25만 원으로 늘렸습니다. 국민주택 일반공급 청약의 경우 저축 총액 당첨 커트라인이 최고 2,500만 원 수준인데, 기존에는 20년 가까이 납입해야 모을 수 있는 금액이니 이 기간을 단축해주겠다는 취지죠.

만약 민영주택만 공략하겠다면 납입은 얼마를 하든 상관이 없습니다. 가입 기간과 예치 기준 금액만 맞추면 되니까요. 다만 납입 횟수를 인정받기 위한 최소 금액은 2만 원이니 그 이상을 하는 게 좋겠습니다.

청약통장을 만들었다면, 이제 청약홈과 LH청약플러스, 뉴홈 등 사이트나 앱에 자주 들어가서 어떤 공고가 뜨는지 살펴보세요. 관심 있는 지역과 주택 공고가 뜨면 알려주도록 알림을 설정할 수도 있으니 이 기능을 활용해보면 좋겠습니다.

에필로그

쩐화위복 실천기: 희망편과 절망편

이 책에서 월급을 관리하는 방법부터 돈을 아끼고, 저축하고, 투자하고, 잘 빌리는 법과 미래를 위한 대비까지 열심히 알아보고 정리하고 소개했습니다. 그러나 그와는 별개로 실천하는 일은 누구에게나 늘 어려운 법입니다.

저희 세 사람 역시 마찬가지였는데요. 금융을 공부하면서 조금이나마 앞으로 나아간 점도 있지만 여전히 갈 길이 멀다고 느낄 때도 많습니다. 뿌듯함과 자괴감이 공존하는 '쩐화위복' 실천기 후일담을 공유합니다.

쩐화위복 희망편
"가계부 쓰기로 새는 돈 막았어요"

지현 연초에 분명히 계획을 세워뒀는데, 그 금액 내에서 생활하는 것이 힘들어 지키지 못할 때가 많았죠. 실패가 반복되니 결국 '예산이고 뭐고 내 맘대로 살겠다'며 매일 배달 음식을 시켜 먹기도 했고요. 결국 저축액을 조금 낮추고, 생활비를 조금 높여 잡는 식으로 예산을 조정했죠. 스트레스 받을 정도로 허리띠를 졸라매면 지속 가능하지 않더라고요. 가계부도 시행착오를 겪은 끝에 '편한가계부'라는 앱에 정착했습니다.

주빈 저 역시 가계부 쓰기를 시작했어요. 기후동행카드를 이용하고 택시비를 줄이니 한 달에 10만 원은 아낄 수 있게 됐습니다. 새는 돈부터 막는 게 저축의 시작이니까요. 아는 보험설계사가 만들어준 보험을 내용도 모른 채 갖고 있었는데, 제 상황에 맞는 특약을 넣어 새롭게 가입했습니다. 불행인 건지 다행인 건지 보험에 가입하자마자 넘어져 다치는 바람에 소액의 보험금을 받기도 했어요. '미래를 대비한다는 건 이런 거구나' 싶더라고요. 귀찮다고 내버려뒀던 연말정산도 들여다보게 됐습니다. 수년을 빠트렸던 연말정산 경정청구로 몇 십만 원을 손에 쥐기도 했어요.

해영 시간의 흐름에 따라 불어나는 복리의 마법처럼, 일단 출발선에서 한걸음을 떼는 것이 가장 중요하다는 걸 느끼고 있습니다. 다행히 몇몇 긍정적인 변화가 있었습니다. 반강제적(?)으로 시작된 가계부 쓰기는 1년이 훌쩍 넘는 시간 동안 하루도 빼먹지 않고 이어졌고, 은행 예금밖에 모르던 저에게 어느덧 신용카드, 저축은행 파킹통장, 채권 자산(이라고 하기에는 조금 미미한 액수지만요), 디폴트옵션에 따라 굴러가는 퇴직연금 계좌가 생긴 것도 달라진 점이네요.

전화위복 절망편
"남의 말만 듣고 투자했다 결국 손절했어요"

지현 투자에서 몇 번의 실패가 있었습니다. 기사만 보고 충동적으로 투자한 구리ETF는 손해를 보고 팔아야 했고, 자세히 알아보는 대신에 누군가의 말만 듣고 소액 넣어본 커버드콜 ETF도 손절했습니다. 역시 잘 모르는 데는 돈을 넣지 말았어야 했던 거죠. 이런 실패 경험을 솔직히 공유하는 건 저와 같은 실수를 하지 않기를 바라는 마음 때문입니다. 그리고 무엇보다, 좀 실패해도 괜찮다는 말씀을 드리고 싶어요. 실패에서 배운 점을 발판 삼아 다시 또 해보면 되죠. 중요한 건 꾸준함이니까요.

주빈 처음 시작한 ETF 투자는 초반만 해도 수익률이 높아진다 싶더니, 미국 대선 등 큼지막한 이벤트를 거친 후 지금은 마이너스가 됐습니다. 새로운 도전이었지만 투자를 잘 하려면 세상만사에 두루 관심을 가져야 한다는 사실은 알지 못했던 거죠. 마이너스 수익률 탈출을 위해 더 열심히 경제 뉴스를 챙겨보며 세상을 바라보는 시야를 넓혀가고 있습니다.

해영 대학생 때 일찌감치 깨먹은 청약통장은 새로 만들지 않고, 재무상담사의 조언도 머릿속에서 다소 희미해지는 중입니다. 이렇게 살면 언제 내 집 마련하나… 하는 막연한 고민은 여전하고요. 이럴 때일수록 '시작이 반'이라는 식상한 말을 다시 되새기고 있습니다.

지금 나에게
필요한
돈 공부

초판 1쇄 발행 2025년 8월 11일
초판 2쇄 발행 2025년 11월 14일

지은이 남지현, 이주빈, 조해영
펴낸곳 ㈜에스제이더블유인터내셔널
펴낸이 양홍걸 이시원

홈페이지 siwonbooks.com
블로그 · 인스타 · 페이스북 siwonbooks
주소 서울시 영등포구 영신로 166 시원스쿨
구입 문의 02)2014-8151
고객센터 02)6409-0878

ISBN 979-11-6150-546-6 03320

이 책은 저작권법에 따라 보호받는 저작물이므로 무단복제와 무단전재를 금합니다. 이 책 내용의 전부 또는 일부를 이용하려면 반드시 저작권자와 ㈜에스제이더블유인터내셔널의 서면 동의를 받아야 합니다.

시원북스는 ㈜에스제이더블유인터내셔널의 단행본 브랜드입니다.

독자 여러분의 투고를 기다립니다.
책에 관한 아이디어나 투고를 보내주세요.
siwonbooks@siwonschool.com